Gabriele Dummschat

Klaus Störtebeker und die Hanse

Seefahrt und Piratenleben

HINSTORFF

Dank der Autorin

Mein Dank geht an alle, die mit mir zusammen an dieses Projekt geglaubt haben. Besonders hervorheben aus dieser Gruppe Menschen möchte ich meinen Mann Rüdiger (nicht nur für seine mentale, sondern auch für seine fotografische Unterstützung), meine Söhne Tobias und Kai Henrik sowie Susanne, Sandra und Klaus. Danke für's Vorablesen der Texte, für eure Geduld, für euer Lob und eure Kritik. All dies steckt mit im vorliegenden Buch.

Die Deutsche Nationalbibliothek verzeichnet diese Publikation in der Deutschen Nationalbibliografie; detillierte bibliografische Daten sind im Internet über http://dnd.ddb.de abrufbar.

Lagerstraße 7, 18055 Rostock
www.hinstorff.de

1. Auflage 2016

Herstellung: Hinstorff Verlag GmbH
Lektorat: Henry Gidom
Druck und Bindung: CPI books GmbH
ISBN 978-3-356-02044-1

Bildnachweis:
Coverabbildungen: Hamburg Museum, Foto: Monika Janke-Bouchard (Schädel); Hanse Sail Rostock / Lutz Zimmermann (Koggen); Hans Weigel d.Ä. (Ansicht Bremens von 1564)
Nicht namentlich gekennzeichnete Abbildungen oder Fotos befinden sich im Privatarchiv der Autorin.

Inhalt

Die Hansekogge Ubena von Bremen *unter Segel.*

Einleitung

Seit die Kaufleute Mittel- und Nordeuropas damit begonnen hatten, ihre wertvollen Waren in dicke, bauchige Segler zu verladen und in ferne Länder zu verschiffen, gab es auf der Nord- und Ostsee auch Piraten.
Fortan entwickelten sich erste Reisegemeinschaften von anfangs nur wenigen Händlern, aus denen schließlich ein einflussreicher Städtebund hervorging. Die Hanse organisierte pro Saison Tausende von Seereisen. Salz, Bier, Tuche, Pelze und weitere kostbare Güter wurden in bisher nicht gekannten Mengen über das Wasser transportiert und waren für Piraten eine begehrte Beute.
Anfangs kämpften die Räuber zur See in einzelnen Gruppen für ihren jeweiligen Landesherrn, doch schon bald bildeten sie eigenständige Bruderschaften. Auch waren sie nicht mehr nur mit kleineren Schiffen in Küstennähe unterwegs. Stattdessen bedienten sie sich moderner, hochseetüchtiger Koggen, die sie den Hanseschiffern entwendet hatten. Mit ihnen unternahmen sie ausgedehnte Beutezüge. Die Vitalienbruderschaft, der auch der berühmte Klaus Störtebeker angehörte, verzeichnete einen so großen Zulauf, dass die Zahl der in ihr organisierten Seeräuber zum Ende des von mehreren Krisen geprägten 14. Jahrhunderts mehr als 1500 betrug.

Das Buch »Klaus Störtebeker und die Hanse« bietet einen Einblick über die Entwicklung des Bundes der Vitalienbrüder, schildert den Alltag an Bord der Koggen und in den Häfen, zeigt, auf welche Weise der Kampf um Beute ausgetragen wurde und anderes mehr.
Die Bedeutung der Schifffahrt für den spätmittelalterlichen hansischen Handel war enorm, aber erst in jüngerer Zeit gab es entsprechende Wrackfunde, um belegen zu können, wie die Koggen genau aussahen, auf welche Weise navigiert wurde usw.
Mittlerweile trägt eine Flotte von insgesamt sieben Kogge-Nachbauten in Deutschland, Schweden, Litauen und den Niederlanden dazu bei, das Bild dieses für die Hanse so außerordentlich wichtigen Schiffstyps wieder in den Köpfen der Menschen zu verankern.
Einen ebensolchen Beitrag leistet die »Neue Hanse«, ein Interessenverbund, dem europaweit inzwischen nicht weniger als 185 Städte angehören (Die Hanse / www.hanse.org).
Nie aus den Köpfen – und Herzen – der Menschen ist hingegen der berüchtigte Seeräuber Klaus Störtebeker verschwunden, der, wenn auch wahrscheinlich nicht die führende Persönlichkeit der Vitalienbrüder, so doch zumindest einer ihrer charismatischsten Hauptleute war.

Bevor sich im mittel- und nordeuropäischen Raum die Piraterie entwickelte, waren Raubüberfälle eine gängige Methode, um ohne viel Aufwand Beute zu machen. Durch die Zunahme von Transporten übers Meer erhielt dieses Raubrittertum neue Dimensionen. Da mit der Eroberung nur einer einzigen Kogge ein enormer Schaden angerichtet werden konnte, gewannen Überfälle dieser Art ab dem 14. Jahrhundert immer mehr an Bedeutung.

Vitalienbrüder – Aus Raubrittern werden Piraten

Schwedischer Thronfolgekrieg. Am Ende des 14. Jahrhunderts nutzte der schwedische König Albrecht III. (gleichzeitig Herzog von Mecklenburg) die neuen Möglichkeiten für Angriffe auf die Schiffe der dänischen Königin Margarethe I. Die *Schwarze Margarethe* wollte Schweden unter ihre Kontrolle bringen und stritt mit dem Herzog um die Thronfolge. Um ihre Position zu schwächen, stellte Albrecht III. Kaperbriefe aus, die Freibeuter dazu legitimierten, dänische Koggen aufzubringen.
In den beiden mecklenburgischen Ostseehäfen Rostock und Wismar durften die Kaperer ihre Beute verkaufen und zu Geld machen. Die Stadtbewohner und Hansekaufleute konnten auf diese Weise ihrerseits günstig Waren erwerben. In allen anderen Hansestädten drohte den Freibeutern die Gefangennahme, da es den Bürgern dort verboten war, mit ihnen Geschäfte abzuwickeln. Während die Seeräuber, deren Anführer häufig verarmte mecklenburgische Adlige waren, von ihren Landsleuten als Helden im Dienst der guten Sache verehrt wurden, waren sie anderenorts als Verbrecher verfemt.

Herkunft des Namens Vitalienbrüder. Der Name Vitalienbrüder kann verschiedene Ursprünge haben:

▸ Eine weitverbreitete Meinung ist, dass er von der Unternehmung der Freibeuter herrührt, 1394 das belagerte Stockholm mit Lebensmitteln (= Viktualien) zu versorgen. Dem entgegen steht jedoch, dass die Seeräuber in Hamburger Berichten bereits 1390 als *Vitalienses* bezeichnet werden.

▸ In Frankreich wurden bestimmte Seeräubergruppen *Vitailleurs* genannt. Ursprünglich waren sie die Verpflegungsbeschaffer der Armee. Sie beschlagnahmten Lebensmittel häufig ohne Gegenleistung. Genauso wie sie gingen auch die Piraten dabei wenig zimperlich vor.

▸ Nicht selten wurden Seeräuber von den Landesherren für deren Kriegszwecke eingesetzt. Anders als offiziell angeheuerte Söldner erhielten Piraten aber weder einen Lohn noch standen sie bei ihrem Auftraggeber »in der Kost«, wie sonst allgemein üblich. Sie mussten sich ihre Verpflegung – ihre Viktualien – selbst beschaffen.

Königin Margarethe I. »Die Schwarze Margarethe«

Durchbruch der Belagerung Stockholms. Im Winter 1393/94 ließ die dänische Königin das von den Mecklenburgern besetzte Stockholm belagern. Die Schwarze Margarethe dachte, sie könnte eine Übergabe durch Aushungern erzwingen. Die von Albrecht III. aufgerufenen Freibeuter machten ihr jedoch einen

Stockholm etwa 250 Jahre nach der Belagerung (Karte von 1642).

Strich durch die Rechnung. Mit acht Schiffen kämpften sie sich durch die teilweise vereiste Ostsee und blieben an manchen Stellen sogar stecken. Allen Widrigkeiten zum Trotz gelang es ihnen, den Belagerungsring zu durchbrechen und Lebensmittel in die schwedische Stadt zu bringen. Auf dieser wagemutigen Aktion

Das Kruttornet gehört zu den Wahrzeichen Visbys.

gründet der bis heute währende Ruf der Vitalienbrüder, ein besonders unerschrockener und erfolgreicher Haufen Männer gewesen zu sein.

Stützpunkt auf Gotland. Die Insel Gotland gehörte seit ihrer Übernahme 1361 durch Königin Margarethes Vater Waldemar zu Dänemark. Nach der Befreiung Stockholms griff der mecklenburgische Hauptmann Albrecht von Pecatel zusammen mit den Vitalienbrüdern Gotland an und eroberte für seinen Herzog die Stadt Visby. In deren Festung richteten die Freibeuter ihren Stützpunkt ein. Drei Jahre lang organisierten sie von hier aus ihre Überfälle.

Schon bald kaperte der inzwischen auf etwa 1500 (!) Mitglieder angewachsene Seeräuberbund nicht mehr ausschließlich Schiffe der dänischen Königin (der mittlerweile nahezu das ganze heutige Skandinavien gehörte), sondern auch Koggen der Hanse und des *Deutschen Ordens*. Im Jahr 1397 kontrollierten die Piraten sämtliche Schifffahrtswege auf der Ostsee und legten dadurch den Handel übers Meer größtenteils lahm.

Bisher war die Hanse den Vitalienbrüdern nur mit einzelnen Vredekoggen entgegengetreten (*Vrede* = Friede; diese Schiffe sollten den Frieden auf See wiederherstellen). Nun aber schlossen sie sich mit dem Deutschen Orden zusammen, der einen umfassenden Vernichtungsschlag plante. Im März 1398 erreichte die von der Hanse unterstützte Flotte des Ritterordens mit 84 Schiffen und 4000 Mann die Küste Gotlands. Angesichts dieser Übermacht räumten die Seeräuber die Festung und verließen die Insel. Das war das Ende groß angelegter Seeräuberei auf der Ostsee.

Likedeeler – Zu gleichen Teilen

Seeräuberei auf der Nordsee. Nach dem Verlust ihres Stützpunktes auf der Insel Gotland verlagerten die Vitalienbrüder ihren Aktionsbereich auf die Nordsee. Einige ihrer Gruppen waren dort bereits seit mehreren Jahren aktiv, als Hauptleute unter anderem Gödeke Michels und ein gewisser Klaus Störtebeker.
Die vertriebenen Vitalienbrüder wurden an der südlichen Nordseeküste mit offenen Armen aufgenommen. Die dort ansässigen ostfriesischen Häuptlinge lagen ständig in Fehde mit ihren Nachbarn und spannten die Seeräuber genauso für ihre jeweiligen Interessen ein, wie es vorher die Landesherren des Ostseeraums getan hatten. Darüber hinaus machten sich im Laufe der Zeit mindestens sechs Grafschaften die Dienste der Freibeuter zunutze, indem sie diese mit offiziellen Kaperbriefen ausstatteten. Hier tat sich besonders Graf Konrad II. von Oldenburg hervor, aber auch Graf Albrecht von Hol-

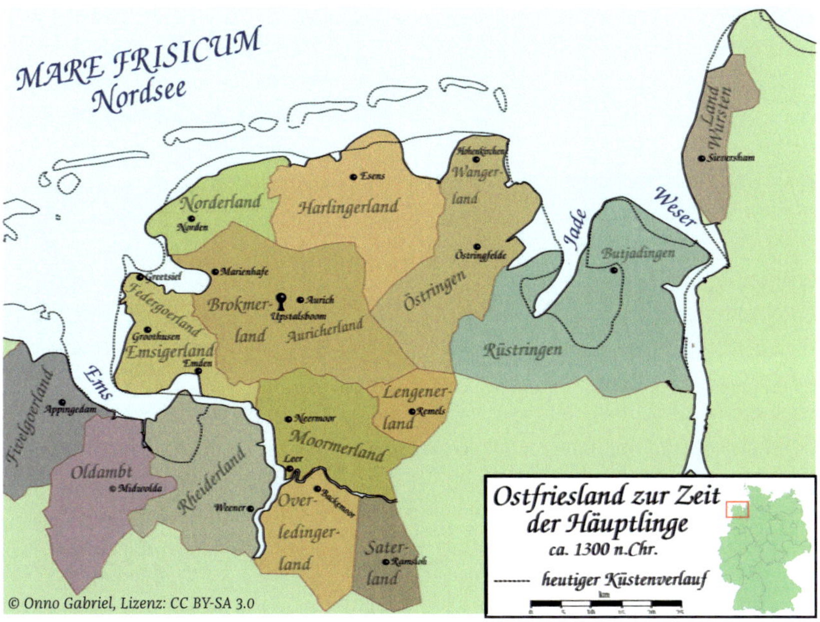

Karte Ostfrieslands zur Zeit der Häuptlinge um ca. 1300. Der Küstenverlauf hat sich im Laufe der zurückliegenden Jahrhunderte erheblich verändert.

land, gleichzeitig Herr der niederländischen Provinz Friesland und Herzog von Bayern-Straubing, war mit von der Partie.

Eigenes Risiko – eigener Gewinn. Seit die Hanse 1370 den Krieg gegen Dänemark gewonnen hatte (besiegelt im Frieden von Stralsund), waren auch die letzten Handelsbeschränkungen im Ostseeraum beseitigt. Der Städtebund stand auf dem Höhepunkt seiner Macht und konnte entsprechend viel Einfluss auf zum Beispiel die Seerechte nehmen. Hatte bisher noch die Sicherheit des Schiffes und der Mannschaft im Vordergrund gestanden, wurde jetzt der Sicherheit des Kaufmannsguts der Vorrang gegeben. Das heißt, wenn ein Seemann sich bei Havarie mit anschließendem Strandraub oder bei den relativ häufig vorkommenden Piratenüberfällen nicht genügend für die Fracht einsetzte (aus Kaufmannssicht), drohte ihm zu Hause ein Prozess mit ungewissem Ausgang. Anstatt also bei einem Kampf seinen Kopf für das Eigentum anderer Leute herzuhalten, wurde so mancher Seemann lieber selbst Pirat und kämpfte für seinen eigenen Gewinn.

Brüderlich geteilt. Auf der Ostsee war es noch üblich gewesen, dass die Piratenanführer den Erlös aus der Beute in alter Gutsherrenmanier nach eigenem Ermessen verteilten und dabei nicht selten das meiste selbst behielten. Bei den Seeräubern auf der Nordsee hingegen stammten kaum noch Hauptleute aus dem mecklenburgischen Adel. Die neuen Anführer hatten sich ihre Position durch Tapferkeit und Wagemut verdient, ihre Werte waren Gleichheit, Zusammenhalt und Fairness. Sie teilten die Beute so untereinander auf, dass jedes Mannschaftsmitglied gleich viel erhielt (*like Deelen* = gleiche Teile). Zwar bekamen der Schiffshauptmann und der Steuermann ihren höheren Rängen entsprechend mehr, aber trotzdem erscheint solch ein soziales Verhalten für das späte Mittelalter noch höchst ungewöhnlich. Dieses gerechte Aufteilungsprinzip war sicher einer der wichtigsten Gründe dafür, dass die Likedeeler schon zu Lebzeiten eine derart außerordentliche Berühmtheit erlangten.

Gottes Freunde und aller Welt Feinde. Zu allen Zeiten und auf allen Meeren war es bei Piraten üblich, Geiseln zu nehmen und sie gegen ein hohes Lösegeld wieder freizugeben. Im Jahr 1398 allerdings erlaubten die Likedeeler sich mit dem Kaufmann und Schiffer Egghert Schoeff eine Dreistigkeit, die bis in unsere Zeit hinein ihresgleichen sucht. Vor der norwegischen Küste überfielen sie seine mit Wismarer Bier beladene Kogge und segelten mit ihr nach Ostfriesland. Dort entluden sie das Schiff, »verkauften« es an Schoeff zurück und schickten ihn nach Hause, um das nötige Geld zu besorgen. Damit der Kaufmann auch wirklich zurückkommen und bezahlen würde, behielten sie einen Teil seiner Leute als Geiseln. Außerdem befahlen sie ihm, seinen Hansefreunden auszurichten, die Likedeeler seien *»Gottes Freunde und aller Welt Feinde«*. Diese Aussage passte so gut zu dem Bild der Unabhängigkeit, das die damals in Knechtschaft und Unfreiheit gefangene Landbevölkerung von den Seeräubern hatte, dass sie im gesamten Hanseraum schnell zum geflügelten Wort wurde.

Klaus Störtebeker – Berühmtheit ohne Gesicht

Herkunft. Woher dieser Klaus Störtebeker tatsächlich kam, ist umstritten. Es gibt vielerlei Gerüchte und Hinweise, nach denen er ein verarmter Edelmann aus Verden an der Aller oder ein ostfriesischer Häuptlingssohn gewesen sei, als Leibeigener auf Rügen geboren wurde oder eine Sturmflut ihn als Findelkind an die Nordseeküste geschwemmt hätte. Den einzigen schriftlichen Hinweis auf einen Mann namens *Stortebeker* gibt es im sogenannten »Ächtungsbuch« der Stadt Wismar, dem *liber proscriptorum*. Dieses Buch dokumentiert, dass im Jahr 1380 drei Männer der Stadt verwiesen wurden, weil sie einen *Nicolao Stortebeker* verprügelt und ihm dabei »fünf Beulen und einen Knochenbruch« zugefügt hatten.

Relief am angeblichen Geburtshaus Störtebekers in Wismar.

Vorname. Der Weg vom in der lateinischen Amtssprache eingetragenen *Nicolao* zum deutschen *Nikolaus* und dessen Kurzform *Klaus* ist leicht nachvollziehbar.
Tatsache ist, dass der Vorname eines *Seeräubers* Störtebeker nur ein einziges Mal schriftlich erwähnt wurde: in einem Kaperbrief, den der holländische Graf Albrecht im Jahr 1400 acht Vitalieranführern ausgestellt hatte. Allerdings lautet er in diesem Papier nicht Klaus, sondern *Johann*.

Nachname. Der Nachname *Störtebeker* leitet sich ab von einem Trinkbecher mit Deckel (= Becher mit Stürze). Im Mittelalter waren Trinkgefäße oft mit solch einer Stürze versehen, damit keine Fliegen oder anderes Ungeziefer hineinfielen. Zahlreiche Wirtshäuser trugen einen Störtebeker auf ihrem Schild über dem Eingang abgebildet. Es ist daher nicht unwahrscheinlich, dass der berüchtigte Seeräuber aus einer Gastwirtsfamilie stammt.

Originalradierung des Kunz von der Rosen von Daniel Hopfer, um 1515 (links), und spätere Kolorierung und fälschliche Darstellung als Abbild Klaus Störtebekers.

Bereits um 1400 gab es mehrere Versionen des Namens *Störtebeker*, zum Beispiel *Storbiker, Stertebeker, Stortebeker, Stoertczebechir*. Die Engländer haben über ihre Schädigungen durch die Likedeeler sehr genau Buch geführt. In ihren Akten wird Störtebeker mit vierzehn verschiedenen Schiffsüberfällen in Verbindung gebracht.

Ein Bild macht Geschichte. Auf dem Bild, das üblicherweise Störtebeker darstellen soll, ist der bekannte Likedeeler als grimmig-verwegen dreinblickender Geselle mit wallend-blonder Mähne und gelocktem Vollbart zu sehen. In Wirklichkeit handelt es sich bei dieser Abbildung aber nicht um eine getreue Wiedergabe des Seeräubers, sondern um eine der geschicktesten Betrügereien der Geschichte.

Der von Daniel Hopfer porträtierte Herr hieß Kunz von der Rosen. Er war ein hochgestellter Unterhalter und Berater von Kaiser Maximilian I. und, genau wie Störtebeker, als Draufgänger bekannt. Allerdings wurde er erst etwa sechzig Jahre nach dessen Tod geboren.
Im 17. Jahrhundert fiel die Kupferstichplatte dem Nürnberger Kunsthändler David Funck in die Hände. Er nutzte das Bild des für ihn namenlosen Mannes, ließ es vielfach nachdrucken und verkaufte das Bildnis als den bereits damals sagenumwobenen Piratenführer. Dabei setzte er unwissentlich eine gute Tradition fort, denn das Bild war bereits 1516 zur Darstellung des spanischen Heerführers und Nationalhelden Gonzalo de Córdoba, genannt *El Gran Capitán*, verwendet worden.

Störtebekers Kumpane – Freunde bis in den Tod

Gödeke Michels. Geburtsname: Gottfried Michaelsen. Hauptmann der Vitalienbrüder und späteren Likedeeler. Genau wie Störtebeker wird Gödeke Michels Ende 1394 zum ersten Mal offiziell in einem Schriftstück erwähnt. Die beiden Seeräuber hatten zusammen mit Klaus Scheld ein Schiff aus Elbing überfallen. Während seiner ersten Zeit auf der Nordsee befuhr Gödeke Michels ein Revier im Nadelöhr zwischen Ost- und Nordsee vor der norwegischen Küste. Später machte er zusammen mit Störtebeker die Elbmündung unsicher.
1401 wurde er in der Wesermündung gefangen genommen und zusammen mit einigen anderen Likedeelern auf dem Grasbrook in Hamburg geköpft, ein Jahr später als Störtebeker.

Magister Wigbold (geboren 1365) war nach Störtebeker wohl die schillerndste Persönlichkeit des Likedee-

Der Galgenberg bei Visby auf der Ostseeinsel Gotland.

Das Wappen der Manteuffels.

ler-Bundes. Er stammte mutmaßlich aus einem alten Adelsgeschlecht und wurde als Junge in einem Kloster unterrichtet. Nach seinem Rauswurf dort soll er angeblich die Universität Oxford in England besucht haben. Wigbold legte Wert darauf, mit dem Titel *Magister* angesprochen zu werden, obwohl er die Universität nach dem Studium der *Sieben freien Künste* ohne einen Abschluss verlassen hatte.
Ihm wird nachgesagt, er habe eine wenig eindrucksvolle Statur gehabt. Und entgegen seinem angriffslustig klingenden Namen (altsächsisch *wig* = Streit und *bold* = tapfer) soll er lieber verhandelt als gekämpft haben. Im Jahre 1401 wurde er gemeinsam mit Gödeke Michels in Hamburg hingerichtet.

Henning Wichmann und Klaus Scheld. Beide Seeräuber werden in den englischen Anklageakten ebenfalls als Anführer der Likedeeler erwähnt. Vermutlich wurden sie 1400 zusammen mit Störtebeker und 33 weiteren Piraten auf dem Grasbrook exekutiert.

Sven Sture. Der dänische Hauptmann stand zunächst im Dienst von Königin Margarethe I. Für diese besetzte er ab 1395 die Insel Gotland, mit Ausnahme der Hauptstadt Visby, die der Heerführer Albrecht von Pecatel für den mecklenburgischen Herzog hielt. Nach dem Sieg der Mecklenburger über die Dänen 1397 (der Herzog hatte weitere Truppen geschickt), trat Sture zu den einstigen Gegnern über und erhielt als Gegenleistung den Oberbefehl über die gesamte Insel. Den Vitalienbrüdern gewährte er in Visby nicht nur weiterhin Unterschlupf, er baute die Stadt als Hauptquartier des Piratenbundes sogar weiter aus, bis sie im Frühjahr 1398 vom Deutschen Orden eingenommen wurde.

Arnd Stuke und Nikolaus Milies. Diese beiden Männer waren Hauptleute der ersten Stunde. 1392 nahmen sie gemeinsam den Bischof Thord Gunnarsson, einen Vasall Königin Margarethes I., gefangen, weitere Gewalttaten im Dienste Mecklenburgs folgten. Bis 1395 tauchen überwiegend ihre Namen als Anführer der Vitalienbrüder auf.

Henning Mandüvel gehörte wie viele seiner Mitstreiter zum mecklenburgischen Adel. Er entstammte dem Geschlecht derer von Manteuffel, das im Jahr 1256 erstmals urkundliche Erwähnung findet. Mandüvel und seine Gefolgsleute spielten sowohl bei Angriffen auf Reval (1392) als auch auf diverse Küstenorte am Finnischen Meerbusen (1395) eine herausgehobene Rolle.

Marquard von Preen. Die Ritter derer von Preen hatten ihren Sitz auf der Wasserburg zu Davermoor in der Grafschaft Schwerin, finden im 15. Jahrhundert in den Quellen jedoch keinerlei Erwähnung mehr. Während das Adelsgeschlecht zum Beispiel auf Rügen und in Pommern weiter bestand, ging der Zweig um Marquard von Preen um 1400 offenbar unter. Möglicherweise endete dieser letzte Spross der Schweriner von Preens zusammen mit weiteren Vitalieranführern wie Sture, Stuke, Millies oder Mandüvel nach der Eroberung Visbys durch den Deutschen Orden 1398 dort am Galgen.

Koggen – Innovative Schlickrutscher

Entwicklung des Schiffstyps. Je mehr Ware ein Schiff auf einer Tour transportieren kann, umso beachtlicher ist der Profit. Die hansischen Werften passten ihre Arbeit den Forderungen der reichen Kaufleute an, sodass sich die mittelalterliche Schiffbautechnologie am Übergang vom 14. zum 15. Jahrhundert auf ihrem Höhepunkt befand. Es entstanden Fahrzeuge, die die Eigenschaften der ursprünglich kleineren Koggen aus dem Nordseeraum mit denen der traditionellen skandinavischen Kog-

Der Begriff Kogge (althochdeutsch kocko oder cogko) entstammt dem altfranzösischen coque = Schiff. Darüber hinaus könnte es einen Zusammenhang mit dem mittelhochdeutschen kocke oder kucke (Kugel) geben, das wiederum mit dem Wort gug = krümmen, wölben, biegen verwandt ist.

Großes Koggensiegel der Stadt Stralsund, 1329.
© Internationales Maritimes Museum Hamburg

»Koggen«-darstellungen auf zwei Briefmarken aus Danzig, 1922.

gen vereinten und die dadurch eine überaus beeindruckende Transportleistung erbrachten. Die Kogge sollte mehr als 200 Jahre lang das wichtigste Transportmittel der Hanse sein und ebenso das bedeutendste Kaperschiff ihrer schlimmsten Feinde – der Piraten.

Bautechnische Neuerungen:

- ▸ Breiter, flacher Rumpf mit hohen Bordwänden (schafft viel Frachtraum und verleiht der Kogge ihr bauchiges Aussehen),
- ▸ Verbindung der Hölzer durch eiserne Klammern (Kalfatklammern) und großköpfige Nägel,
- ▸ gerader, nicht gebogener Kiel, steiler Vorder- und Achtersteven,
- ▸ starke Querbalken dienten der Festigkeit. Außerdem konnten auf ihnen die Deckplanken aufgelegt werden.
- ▸ Geschlossenes Deck (frühere Frachtschiffe waren offen),
- ▸ Heck- statt Seitenruder (erhöht die Steuerfähigkeit, insbesondere bei schwerer See).
- ▸ Das Segel bestand nicht mehr aus Wolle, sondern aus Leinwand, und wurde mit Hilfe einer Winde (Bratspill) am Mast hochgezogen. Dadurch konnte eine größere – und trotzdem bedienbare – Segelfläche zum Einsatz gebracht werden.
- ▸ Kastellaufbauten.

Ladekapazität. Das Gesamtgewicht der Ladung, die eine Kogge transportieren konnte, wurde in *Last* angegeben. Eine Last bezeichnete ursprünglich die Menge an Roggen, die von einem vierspännigen Pferdefuhrwerk gezogen werden konnte, nach heutiger Rechnung ungefähr 1,9 Tonnen. Am Ende des 14. Jahrhunderts konnten große Koggen bereits bis zu 100 Lasten tragen. Das Ladevolumen lag bei 400 Kubikmetern. Je nach Fahrtgebiet wurden Schiffe zwischen 70 und 200 Tonnen Tragfähigkeit eingesetzt. Die Kapazität der gesamten hansischen Flotte umfasste im Jahr 1400 circa 100000 Tonnen.

Auslastung. Der gewölbten Form des Koggenrumpfes Rechnung tragend, wurden wasserdichte Transportfässer liegend gestapelt und verschifft (bis zu 300 Stück). Güter, die als Ballen (Pelze, Tuche) oder Bündel (Stockfisch) verpackt waren, stapelte man lose aufeinander. Um beim Laden und Löschen an alle Bereiche des Schiffsinneren herankommen zu können, waren die Decksplanken nur lose aufgelegt.

Baustoff Holz. Eine Kogge wirkt nicht nur wegen des bauchigen Rumpfes so klobig, sondern auch, weil ihre Planken gesägt und nicht, wie bei anderen Schiffstypen, mit Äxten und Keilen aus dem Stamm gespalten wurden. Dadurch waren sie drei Mal so dick. Gesägte Planken kosteten wesentlich weniger, weil sie auch aus Holz hergestellt wurden, das Verästelungen oder andere Verwachsungen enthalten konnte und deshalb zum Spalten ungeeignet war. Trotz dieser neuen holz- und geldsparenden Methode wurden allein für die Koggen des 14. Jahrhunderts schätzungsweise 250000 Eichen- und Kiefernstämme benötigt.
Auf der Insel Vilm, südlich von Rügen gelegen, erfolgte 1527 der letzte große Holzeinschlag. Einige Eichen und Buchen, die damals als Hudebäume stehengelassen wurden, bilden heute einen in Norddeutschland einzigartigen zusammenhängenden,

uralten Bestand und inspirierten bereits berühmte Maler wie Caspar David Friedrich (1774 - 1840) und Carl Gustav Carus (1789 - 1869).

Besatzungsstärke. Für eine durchschnittlich große Kogge mit einer Ladekapazität von 100 Tonnen wird eine elf- bis fünfzehnköpfige Mannschaft angenommen. Gleich große Koggen, die als Piratenschiffe fuhren, werden sicherlich um einiges stärker besetzt gewesen sein: Eine höhere Kämpferzahl steigerte einerseits die Erfolgschancen. Für das Segeln der eroberten Kogge wurden andererseits ebenfalls Männer benötigt. Deshalb geht man heute davon aus, dass die Schiffe der Vitalienbrüder mit etwa fünfzig Seeräubern bemannt waren. Koggen, die seitens der Hanse zum Kriegseinsatz oder zur Piratenbekämpfung ausgeschickt wurden, transportieren zusätzlich zur regulären Mannschaft noch weitere 70 bis 100 Mann (»Ersatz«-Mannschaft nach Ausfällen und Söldner).

Verzierungen. Auf historischen Abbildungen lässt sich erkennen, dass manche Außenseiten der Achterkastelle die Farben der heimatlichen Hansestadt trugen. Auf einigen Schiffen - möglicherweise Fredekoggen, die im Auftrag mehrerer Städte unterwegs waren - hingen am Schanzkleid des Achterkastells verschiedene hölzerne Wappenschilder. Die Segel konnten rot, braun, blau, grün, schwarz und sogar gestreift eingefärbt sein.

Weitere Schiffstypen der Hansezeit. Die Schnigge war ein kleiner Segler, der mit bis zu zwanzig Mann auch gerudert werden konnte. Das schlank

Heckruder der HANSEKOGGE.

Mit Wappenschilderm verziertes Achterkastell der UBENA VON BREMEN.

Ein weiterer Schiffstyp zur Hansezeit: eine (Eider-)Schnigge unter Segel.

gebaute, vermutlich schnellste Fahrzeug der Hansezeit war vielseitig einsetzbar und wurde hauptsächlich für städtische Botendienste und küstennahen Personenverkehr genutzt. Darüber hinaus diente es als wendiges und effektives Kampfschiff. Zusätzlich zu den zwanzig Ruderern, die im

600 Jahre alter Baumriese auf der vor Rügen gelegenen Insel Vilm.

Kriegseinsatz gleichzeitig trainierte Nahkämpfer sein mussten, konnte es zehn weitere Krieger, zum Beispiel Armbrustschützen, aufnehmen. Sowohl Störtebeker als auch seine Bezwinger hatten Schiffe dieses Typs in ihrer Flotte.

Der Prahm, ein noch heute verwendeter flacher Bootstyp, diente bereits im Mittelalter als Arbeits- und Transportfahrzeug, das je nach Einsatzgebiet gerudert oder gestakt wurde. Prahme waren vielfach in den hansischen Häfen unterwegs, um als Leichter die Waren der auf Reede liegenden Schiffe aufzunehmen sowie um Arbeiter und Baumaterial zu den erforderlichen Plätzen zu bringen. Außerdem waren sie zum Gütertransport auf Binnengewässern und Flüssen unterwegs. Auf dem Stecknitz-Kanal zum Beispiel brachten Prahme jährlich etwa 3000 Schiffsladungen Salz aus Lüneburg nach Lübeck, während sie in umgekehrter

Richtung den in Schonen gefangenen und eingesalzenen Fisch wieder mit zurücknahmen.

Während in heutiger Zeit Schuten ausschließlich flache Schleppschiffe ohne eigenen Antrieb bezeichnen, wurden sie im 14. Jahrhundert nachweislich gerudert und auch gesegelt. Der Begriff *Schute* stammt ursprünglich vom altnordischen *skuta* für Riemenboot. Ihr Einsatzgebiet lag, ähnlich wie bei den Prahmen, hauptsächlich im Transport ländlicher Produkte oder von Baumaterial in die Städte sowie im Leichtern vor Anker liegender Schiffe. In den großen Heringsfanggebieten vor Schonen wurden sie außerdem zum Fischfang genutzt.

Pleyten waren spätestens ab dem 13. Jahrhundert als Binnenschiffe unterwegs, fuhren zwei Jahrhunderte danach aber auch in Küstennähe über See. In hansischen Flottenverbänden diente der relativ schwerfällige einmastige Segler mit flachem Boden auch als Hilf- und Transportschiff.

Der einmastige Segelschiffstyp Ewer bewegte sich ursprünglich als plattbodiges Fahrzeug im friesischen Wattenmeer. Der Begriff leitet sich vermutlich her vom niederländischen *envarer* und bedeutet wörtlich übersetzt *Einfahrer*. Aus dem kleinen »Boot mit nur einem Fahrer« entwickelte sich bis zum 15. Jahrhundert ein zweimastiges Schiff, dass zwischen 55 und 155 Tonnen befördern konnte.

Bei einem Kraier (auch *Kreyer*) handelte es sich ursprünglich ebenfalls um ein Wattenschiff von nur geringer Größe. Die in der Hansezeit zügig voranschreitende Entwicklung des Schiffbaus bewirkte, dass im 14. Jahrhundert aus ihm bereits ein hochseefähiger Transportsegler geworden war, der eine komfortable Übergangslösung zwischen der relativ kleinen Schnigge und den immer größer und klobiger werdenden Koggen und Holken darstellte. Im Jahr 1407 ist als Kraier ein einmastiges Fahrzeug mit Rahsegel und Achterkastell erwähnt, das von einem Schiffer, vier Mann Besatzung und einem Jungknecht bedient wurde.

Um die Jahrhundertwende entwickelte sich neben der Kogge ein weiterer Schiffstyp mit hoher Transportleistung. Der Holk besaß zunächst ebenfalls nur einen Mast, wies aber von vornherein einen gebogenen Vordersteven auf, wie auf dem Danziger Stadtsiegel aus dem Jahr 1400 zu sehen ist. Im Laufe des 15. Jahrhunderts erhielt der Holk dann zwei oder sogar drei Masten, wobei erstmals ein Lateinersegel die Manövrierfähigkeit der stetig größer werdenden Schiffe (bis 440 t) verbesserte. Das Achterkastell mit seinen beiden einfachen Kammern wurde zu Kajüten mit immer mehr Komfort umgebaut und die Mannschaft erhielt ein eigenes Quartier unter dem Vorschiff. Als fortschrittlichstes Schiff seiner Zeit verdrängte der Holk die Kogge recht schnell von ihrem Platz als Haupttransportmittel der Hanse. Es ist gut möglich, dass Störtebeker ebenfalls bereits auf einem Holk gesegelt ist. Dieser Schiffstyp wirft aber weiterhin viele Fragen auf, da er bisher lediglich von Abbildungen und aus Schriftstücken bekannt ist.

Koggen-Zubehör – Koggen-ABC

Kalfateisen zum Abdichten von Schiffsrümpfen.

Abdichtung. Um das Holz gegen die aggressiven Einwirkungen des salzigen Seewassers zu schützen, wurde der Rumpf einer Kogge von außen geteert. Im Schiffsinneren kohlte man die Planken gezielt mit Feuer an, diese Methode hielt Fäulnis fern. Die über der Wasserlinie liegenden Teile erhielten einen Anstrich aus Kiefernpech oder einer Mischung aus Holzkohlenteer, Schwefel, Leinöl und Fichtenharz.
Bereits beim Bau einer Kogge entstanden durch die Ungleichmäßigkeit des Holzes zwischen den Planken des Schiffsrumpfes unerwünschte Lücken. Um sie wasserdicht zu machen, wurden geteerte oder mit Pech bestrichene Stränge aus Wolle, Rinderhaaren, Hanffasern oder Moos mit einem Kalfathammer in die undichten Fugen geklopft (*kalfatert*). Danach überdeckte man die Stellen mit halbierten Weidenruten und befestigte diese mittels Klammern aus Eisen. Da diese Abdichtungen in der Regel nicht lange hielten, mussten auch die Likedeeler während ihres Aufenthaltes auf See immer wieder Ausbesserungsarbeiten durchführen.

Aus: Von Henk: Zur See, Hamburg 1885

Typische Arbeiten: Kalfatern des Schiffsrumpfs.

»Einen Abstecher machen«
In der Seemannssprache bedeutete *Abstechen* ursprünglich das Abstoßen eines Beibootes mit dem Bootshaken oder einer einfachen Stange (einem *Stecken*). Da ein Trip mit dem Beiboot meist nur von kurzer Dauer war, lag es nahe, aus einer Kurzfahrt oder einem raschen Abschweifen von der eigentlichen Route einen *Abstecher* zu machen.

Beiboot. Zeitgenössische Abbildungen zeigen, dass Koggen bereits Beiboote besaßen. Sie dienten nicht nur als Rettungsmittel bei Havarien oder im Falle einer Entwendung des Schiffs durch Piraten, sondern wurden auch dafür benutzt, die Mannschaft vom Ankerplatz an Land zu bringen (im Hafen: von der Reede zur Kaimauer). Auf See wurden Beiboote entweder geschleppt oder waren an Deck verzurrt. Im letztgenannten Fall wurden sie bei Bedarf vermutlich mithilfe der Rah ins Wasser gelassen.

Bilge. Die Bilge (ausgesprochen: *Bilsch*) bezeichnet die tiefste Stelle im Schiff. Bei Koggen mit ihrem geraden Kiel zog sie sich durch den gesamten Laderaum. In der Bilge sammelte sich ständig Wasser, das infolge von Regen, Seegang oder undichten Stellen ins Schiff gelangte und mittels Schöpfen oder Pumpen entfernt werden musste. Ebenso war sie ein Auffangort für Essensreste und anderen Unrat.
Darüber hinaus bot sie bei Sturm die einzige Möglichkeit, sich zu erleichtern. Entsprechend wird das Bilgewasser eine extrem unappetitliche und stinkende Brühe gewesen sein, in der sich Ungeziefer ungehindert ausbreiten konnte. Auch Ratten fühlten sich dort überaus wohl. Es ist also kein Wunder, dass sie es waren, die im Jahre 1349 über den Seeweg die Pest von Mitteleuropa nach Skandinavien trugen.

Brassen. Brassen sind Taue, die von den Enden der Rah herabhängen, und mit denen die Rah und damit das Segel um den Mast geschwenkt und in den Wind gedreht werden kann.

Bratspill. Das Bratspill ist eine quer auf dem Deck, im »U« des Achterkastells liegende Winde, die aus einem Eichenstamm gearbeitet wurde. Sie ist wesentlich schwerer als das auf dem Achterkastell befestigte Gangspill und wird mittels hölzerner Spillspaken bedient. Dazu stecken bis zu acht Mann die Spaken in zwei Reihen in die Öffnungen des Spills

Auf später gebauten Schiffstypen war die Bilge ein ungefähr ein Meter hoher Raum, auch *Kielraum* genannt. Die Decke der Bilge bildete gleichzeitig den Fußboden des unteren Decks. Wenn das Wasser den gesamten Kielraum gefüllt hatte, etwa im Fall eines Lecks, versuchten dort lebende Ratten zu fliehen. Die Nager boten deshalb einen verlässlichen Hinweis darauf, dass zu viel Wasser im Schiff war. Hieraus entstand die bekannte Redensart **»Die Ratten verlassen das sinkende Schiff«**, von der man bis vor Kurzem vermutete, sie sei nur ein alter Seemannsglaube.

und bewegen es um eine Vierteldrehung. Jetzt werden nacheinander erst die Spaken im hinteren Bereich des Spills, dann die im vorderen eine Öffnung weiter gesetzt, sodass die nächste Vierteldrehung erfolgen kann. Auf diese Weise können das schwere Rahsegel gesetzt und Güter aus dem Frachtraum gehoben werden. Außerdem dient das Bratspill dazu, den Anker herabzulassen und wieder hochzuhieven. Ein mittelkräftiges Team ist mithilfe des Bratspills in der Lage, ein Gewicht von 2,5 Tonnen zu heben.

Deck. Das Deck der Koggen war nicht wasserdicht. Seine Planken waren nur lose aufgelegt, damit es zur Be- und Entladung geöffnet werden konnte. Das bedeutete aber auch, dass ein Teil des Wassers, das durch Regen oder Seegang aufs Schiff gelangte, durch das Deck auf die Ladung floss, bevor es sich in der Bilge sammelte. Trotzdem galt das Deck einer Kogge als sehr fortschrittlich, denn frühere Schiffe hatten überhaupt keine Abdeckung, sondern wa-

Gangspill.

ren komplett offen. Auf einer Kogge waren Mannschaft und Ladung Wind, Regen und Sturm nicht mehr ganz so ausgeliefert wie bisher.

Gangspill. Wie mühselig die Arbeit auf einer Kogge gewesen sein muss, lässt sich u.a. daran ermessen, dass nicht nur eine, sondern zwei Winden auf dem Schiff vorhanden waren, das Gang- und das Bratspill. Das leichtere Gangspill mit seiner senkrechten Welle befand sich mittig auf dem Achterkastell. Es wurde aller Wahrscheinlichkeit nach zum Heraufholen des Ankers sowie zum Einstellen des Segels (Bedienen der Brassen und Schoten) benutzt. Für das Hochziehen der Rah am Mast mit dem schweren Segel daran war es vermutlich nicht geeignet. Möglicherweise diente es aber dafür bei außergewöhnlich schwerer See zum Feststellen der Ruderpinne. Während die Seeleute beim Betrieb des Bratspills auf einer Stelle stehen blieben, gingen sie bei der Bedienung des Gangspills um die Winde herum.

Hörner. Um den Wachwechsel an Bord anzukündigen, Nebelsignale auszusenden, Alarm vor Piraten zu geben – oder zum Angriff zu blasen – wurden Hörner benutzt. Sie bestanden aus Bronze, Kupferblech, Zinn, Keramik oder Steinzeug.

Kajüten / Kammern. Unter den Seiten der U-förmigen Plattform des Achterkastells befanden sich zwei hölzerne Verschläge, die als Kajüten genutzt werden konnten. In der Kammer rechts in Fahrtrichtung schlief der Schiffsführer, denn die Seite, an der ursprünglich das Ruder befestigt gewesen war – die Steuerbordseite –, war die »gute« Seite. Da Piraten mindestens so abergläubisch waren wie normale Seeleute, schlief hier aller Wahrscheinlichkeit nach auch ihr Anführer. In der anderen Kammer waren entweder der Steuermann oder – da es sich um einen der wenigen trockenen Plätze an Bord handelte – die Waffen und Pulvervorräte untergebracht.

Kastelle. Das Achterkastell bestand ursprünglich aus einer einfachen Holzplattform über dem hinteren Teil der Kogge. Da Handelsschiffe häufig von Seeräubern überfallen wurden und man besser von oben nach unten kämpfen konnte als umgekehrt, hatte man angefangen, hohe Verteidigungsgestelle zu bauen. Im Laufe der Zeit wurden diese (ähnlich wie in Burganlagen) mit Schutzzinnen ausgestattet. Um nicht selbst getroffen zu werden, konnten sich hinter diesen Zinnen Armbrustschützen verbergen, während sie ihre Waffen nachluden.
Unter dem Achterkastell befand sich entlang der hinteren Außenwand eine breite Sitzbank. Sie war ursprünglich für Schiffsgäste, z.B. reisende Kaufleute, gedacht, bot den Hauptleuten der Piratenschiffe bei schlechtem Wetter aber sicherlich ebenfalls einigen Komfort. Mittig vor dieser Sitzbank stand auch der Rudergänger. Später ergänzte man rechts und links von ihm zwei schützende Wände und zog das Achterkastell in Hufeisenform. So entstand auf jeder Seite ein geschlossener Raum.
Besonders in Kriegen oder Zeiten häufiger Piratenüberfälle wurden Koggen zusätzlich zu den Achter- auch mit Vorderkastellen ausgestattet.

Die runde Plattform, das Topkastell, wurde ursprünglich nur bei Bedarf am Mast hochgezogen. Sie diente als Kampf- und Ausguckposten. Aus dem Topkastell entwickelte sich später der Mastkorb.

Laternen. Laternen wurden mit Kerzen betrieben. Sie dienten der Beleuchtung an Deck und im Laderaum, aber auch zur Übertragung von Lichtsignalen.
In einem Wrack aus dem 14. Jahrhundert wurde eine Laterne aus Kupferblech gefunden. Sie war mit Leder überzogen und ließ das Kerzenlicht durch eine Tür aus dünn geschabtem Rinderhorn hindurch.

Mast. Koggen waren einmastige Fahrzeuge. Da Holz im späten Mittelalter einen knappen Rohstoff darstellte und der Mast aus einem besonders hohen und gerade gewachsenen Baum gearbeitet werden musste, wurde der Stamm häufig aus waldreicheren Ländern importiert. War der Mast noch im 13. Jahrhundert aus einem Stamm geschlagen worden, setzten sich später Masten durch, die aus einzelnen, gleichlangen Hölzern zusammengesetzt und mit festem Tauwerk zusammengehalten wurden. Sie waren elastischer und dadurch haltbarer als die Masten herkömmlicher Bauart.
Ein Mast war ungefähr viermal so lang, wie das Schiff breit war. Am Topp, dem Mastende, prangte das Mastkreuz. Es sollte die *christliche Seefahrt* und friedliche Absichten symbolisieren.

Mastkorb der Ubena von Bremen.

Pumpe. Pumpen zählten zu den wichtigsten Ausrüstungsgegenständen auf einer Kogge. In das Schiff eingedrungenes Wasser wurde per Muskelkraft aus der Bilge an Deck gepumpt, wo es in einen Ausgusskasten schwappte und von dort aus durch ein hölzernes Rohr über Bord zurück ins Meer lief.

Rah. Die Rah ist ein runder Querbalken, an dem das Segel hängt. Auf einer Kogge wurde die Rah beim Segelsetzen zusammen mit dem Tuch am Mast hochgezogen. Zusätzlich diente die Rah als bordeigenes Ladegeschirr, mit dem Fracht in den Bauch der Kogge oder wieder dort hinaus gehievt werden konnte.

Schanzkleid. Das Schanzkleid eines Schiffes bezeichnet eine das Deck umlaufende geschlossene Bordwand. Es war auf Koggen relativ hoch (ca. 1,5 m) und diente zum einen dazu, von der See überkommendes Wasser abzuhalten, zum anderen als Schutzwand, hinter der sich die Mannschaft während eines Kampfes »verschanzen« konnten, zum Beispiel, um ihre Armbrust neu zu laden. Schanzkleider umgaben auch das Achter- sowie später das Topkastell.

Schoten. Schoten sind Leinen, die nicht, wie die Brassen, an der Rah,

Kugel- (auch Perlen-)rack an der Rah der Poeler Kogge Wissemara.

Das Rahsegel der Wissemara *hat eine Fläche von 276 m².*

sondern an den beiden unteren Ecken des Segels befestigt sind, und mit deren Hilfe das Segel geführt und im Wind dichtgeholt (gespannt) werden kann.

Segel. Das Segel bestand aus einem Hauptsegel und zwei bis drei sogenannten *Bonnets*, zusätzlichen Segelstücken, die vom Deck aus durch Ösen an der Unterkante des Hauptsegels befestigt wurden. Es wird vermutet, dass das Hauptsegel bei besonders schwerem Wetter gerefft werden konnte, um die Segelfläche noch weiter zu verkleinern. Wenn eine Fahrt unterbrochen wurde, ließ man die Rah häufig samt Segel herab und legte beides zusammen in Längsrichtung aufs Deck.

Spaken. Spaken waren harte Kant- oder Rundhölzer, die zum Betrieb des Brat- oder Gangspills benutzt wurden. Die Mannschaft steckte sie in die dafür vorgesehenen Löcher der Welle und drehte mit ihrer Hilfe das Spill. Nach Beendigung des Arbeitsvorganges wurden die Spaken wieder entfernt und griffbereit in Halterungen an der Bordwand bzw. der Umrandung des Achterkastells platziert.

Stag. Zur Stabilisierung des Mastes benötigte eine Kogge nach vorne und hinten abgespannte Taue (Vorstag, Achterstag). Auch zur Seite und/oder schräg nach hinten hielten Taue (Wanten) den Mast. Bevor die Wanten quer sitzende Webleinen bekamen, musste das Topkastell über ein Stag erklommen werden.

Steuerruder. Seit Mitte des 13. Jahrhunderts bestand das Ruder einer Kogge aus einem senkrecht am Heck angebrachten Plankenholz (Ruderblatt) und einem waagerechten, schwenkbaren Rundholz (Ruderpinne). Mit der Ruderpinne konnte das Ruderblatt bewegt und dadurch das Schiff gesteuert werden.
Bei früheren Schiffen hatten die Ruder noch seitlich am Rumpf gesessen (wie zum Beispiel bei Wikingerschiffen). Gegenüber dem früheren Seitenruder verbesserte ein Heckruder ganz wesentlich die Steuer- und Ma-

növrierfähigkeit des Schiffs, besonders bei Sturm. Heckruder waren ein großer Fortschritt und trugen wesentlich zum Erfolg des Schiffstyps Kogge bei. Die Ruderpinne wurde für gewöhnlich von einem einzelnen Mann bedient, dem Rudergänger. Bei starken Kursveränderungen oder hohem Seegang benötigte er jedoch die Hilfe mindestens eines weiteren.

Toilette. Eine besonders hervorstechende Neuerung auf Schiffen des 14. Jahrhunderts war die Einführung der Bordtoilette. Der älteste nachgewiesene Schiffsabort der Welt bestand aus einem hölzernen Kasten, der einen weiteren, wesentlich kleineren hölzernen Behälter enthielt. Der erste Kasten hing außen an der Steuerbordseite (der »guten« Seite) des Achterkastells und konnte von diesem aus bestiegen werden. Bei dem inneren Kasten handelte es sich um die eigentliche Toilette. Sie war nach unten hin offen, wodurch die verrichtete Notdurft praktischerweise gleich in die See entsorgt wurde.
Es kann davon ausgegangen werden, dass diese Annehmlichkeit an Bord ausschließlich der Schiffsführung diente. Durch die Tatsache, dass der Oberkörper des Benutzers stets halb aus dem Toilettenkasten herausschaute, war eine durchgehende Beaufsichtigung der Mannschaft gesichert.

Vorder- und Achtersteven. Steven sind starke Balken, die vorn und hinten mit dem Kiel zusammengefügt sind und den Schiffskörper abschließen. An den Koggensteven waren die äußeren Planken des Rumpfes festgenagelt. Der Vordersteven fiel dabei jeweils noch mächtiger aus als der Achtersteven. Er hatte – wie eine Art Stoßstange – die Aufgabe, die Kogge vor Kollisionen mit anderen Schiffen, der Kaimauer oder Felsen im Wasser zu schützen.

Wanten. Die den Mast zur Seite hin abstützenden Taue heißen Wanten. Da auf einer Kogge meistens zwei oder drei Wanten dicht nebeneinander gespannt wurden, lag die Idee nahe, sie mit Seilen zu verbinden. Diese »Strickleiter« ermöglichte ein bequemeres Ersteigen des Mastkorbes. Zum Segelsetzen oder -reffen wurden sie von der Mannschaft noch nicht benötigt, da hierzu auf den damaligen Schiffen die Rah am Mast herabgelassen wurde.

Wantenbefestigung auf der Poeler Kogge WISSEMARA.

Hanse und Handel – Vom reisenden Händler zum Global Player

Kogge des Stadtsiegels als Verzierung einer Lübecker Polizeiwache.

Anfänge der Hanse. Bis ins 12. Jahrhundert hinein begleitete der Fernhändler seine Waren stets persönlich. In den Häfen, die er mit seinem Schiff anlief, tauschte er die mitgeführten Güter gegen Handelsgüter, die er zu Hause mit Gewinn verkaufen konnte. Das Wort *hansa* bedeutet Gruppe oder Schar und meinte im Mittelalter Kaufleute, die sich die sich zum Schutz vor Raubüberfällen zu einer Reisegemeinschaft zusammengeschlossen hatten.

Entwicklung des hansischen Handels auf der Ostsee. Im Rahmen des 2. Kreuzzuges versuchte der Deutsche Orden nicht nur Jerusalem zurückzugewinnen, sondern bekämpfte auch die Slawen. Bis zum Anfang des 13. Jahrhunderts erfolgte eine deutsche Besiedelung bis nach Pommern. Im Anschluss daran unterwarf der Ritterorden, der nach Beendigung der Kreuzzüge auf der Suche nach einer neuen Aufgabe war, die *Pruzzen* (Preußen). Es folgte die »Missionierung« – sprich Eroberung – weiterer Ostgebiete.
Als gute Christen und geschickte Kaufleute waren die Hansen bei dieser Neubesiedelung von Beginn an präsent. In schneller Abfolge gründeten sie die Städte Rostock, Riga, Wismar, Stralsund, das östlich von Danzig gelegene Elbing sowie Kolberg (alle zwischen 1218 und 1255). Ihre Koggen versorgten die Menschen in den neuen Ostsiedlungen mit dringend benötigten Fertigwaren wie Tuchen, Werkzeugen oder Waffen und brachten dafür Rohstoffe, zum Beispiel Getreide, Holz oder Teer, wieder mit zurück. Aus der angrenzenden Republik Nowgorod kamen zusätzlich Pelze, Honig und Wachs.

Worauf beruhte der Erfolg der Hanse? Ein Großteil des Erfolgs der hansischen Kaufleute bestand darin, nicht nur Küstengebiete, sondern vor allem auch die Märkte im Binnenland mit einzubeziehen. Es kam nicht von ungefähr, dass über einen langen Zeitraum hinweg das im Handel sehr aktive Köln nach Lübeck die einflussreichste Stadt innerhalb der Hanse war. Die Seehäfen an Nord- und Ostsee nutzten ihre Handelsverbindungen mit dem jeweiligen Hinterland zu ihrem Vorteil und bauten sie im Laufe der Jahrhunderte ständig weiter aus.

Dadurch, dass Kaufleute sich zu größeren Interessengemeinschaften zusammenschlossen, waren sie in der Lage, Privilegien mit den jeweiligen Landesherren (Königen, Fürsten und Bischöfen) auszuhandeln. So mussten sie zum Beispiel geringere Zölle und Steuern zahlen, bei Schiffbruch wurde das Strandrecht nicht angewendet (nach diesem Recht gehörte alles gestrandete Gut dem Landesherrn) oder sie erhielten gar die alleinige Erlaubnis, bestimmte Waren in ein Herrschaftsgebiet ein- oder auszuführen (Monopol). Als Gegenleistung gewährten die Hansestädte ihrerseits die gleichen Vorrechte und Vergünstigungen.

Einen weiteren Nutzen zogen die Kaufleute aus der Entwicklung der Schriftlichkeit. Bald wurde es üblich, nicht mehr selbst mit dem Handelsgut zu reisen. Stattdessen schickte man einen Vertreter, meist einen geistlichen Schreiber, mit entsprechenden schriftlichen Vollmachten. Der Kaufherr war lediglich dann persönlich unterwegs, wenn wichtige Abschlüsse getätigt oder neue Handelsbeziehungen aufgebaut werden sollten. Als im Laufe des 14. Jahrhunderts viele Kaufleute selbst lesen und schreiben lernten, ließen sie die Ware nur noch durch sogenannte *Kaufmannsbriefe* begleiten. In den mit der Zeit gegründeten Handelsniederlassungen und Kontoren regelten Kaufmannsgehilfen die Angelegenheiten vor Ort.

Einen nicht zu unterschätzenden Anteil am Aufblühen der Hanse hatte die Entwicklung des Schiffbaus. Den Bedürfnissen nach ständig wachsendem Frachtraum wurden die Koggen derart gut angepasst, dass sie ihrem

Ausdehnung des Wirtschaftsgebietes der Hanse entlang der Nord- und Ostseeküsten um 1400 auf einer Karte aus dem Jahre 1902.

Transportfässer mit eingeritzter Handelsmarke des Besitzers auf dem Deckel.

Beinamen *Dickschiffe* der Hanse mehr als gerecht wurden.

Sichere Einhaltung der Verträge. Um zu garantieren, dass Vertragsinhalte auch wirklich eingehalten wurden, schrieb man diese bei Vertragsabschluss drei Mal nebeneinander auf ein Blatt Papier. Zwischen die gleichlautenden Texte kam quer dazu eine beliebige Buchstabenfolge, genannt *Chirographum*. Dann wurden die Verträge wellig oder gezackt mitten durch die Chirographen zerschnitten. Der Versender und der Empfänger erhielten jeweils ein Exemplar, genauso wie bei Frachtübernahme der Schiffsführer. Derjenige, der später im Ankunftshafen das passende Vertragsstück vorlegen konnte, erhielt die Ware. Diese Art Vertrag hieß *Uthgesnedener Breef*.

Handelsmarken. Um die einzelnen Sendungen einer Schiffsladung auseinanderhalten zu können, markierte man die Waren – ähnlich wie noch heute. Zu einer Zeit, in der die wenigsten Leute lesen konnten, war es jedoch sinnlos, die Namen von Absender und Empfänger als Markierung zu verwenden. Zur Hansezeit besaß jeder Kaufmann ein persönliches Zeichen, das entweder in die Verpackung oder – etwa bei Ballenware – in ein kleines, an die Ware angehängtes Holzbrettchen eingeritzt wurde. Aus diesen ursprünglichen, auch damals schon schriftlich festgehaltenen Eigentümermarken entstanden die uns bekannten Begriffe der *eingetragenen Marke* bzw. *Handelsmarke*.

Siegel. Die Bedeutung des Handels über See während der Hansezeit kann man leicht an Stadtsiegeln ablesen. Bereits das älteste Lübecker

Die Front der Holzhäuser im Hanseviertel Bryggen, Bergen (Norwegen).

Siegel zeigt um 1200 eine Kogge mit zwei einander zugewandten Personen (wahrscheinlich ein Kaufmann und ein Kapitän), die einander einen Eid schwören. Weitere Mitglieder der Hanse folgten diesem Beispiel.

Seebriefe. Siegel waren im Mittelalter wichtige Instrumente, um Schriftstücke zu verifizieren. Schiffer ließen sich von ihrer Heimatstadt einen mit dem jeweiligen Stadtsiegel versehenen sogenannten Seebrief ausstellen, um ihre Zugehörigkeit zur deutschen Hanse zu beweisen. Dieses Dokument wurde Zollstellen vorgelegt, bei denen Mitglieder der Hanse Vergünstigungen erhielten, oder auch Kaperschiffen, die für verbündete Mächte raubten (um von ihnen verschont zu werden).

Hansetage. Diese Versammlungen der Mitgliedsstädte wurden nur unregelmäßig und zu besonderen Anlässen einberufen. Störungen des Handels durch Piraterie waren dabei ein relativ häufiger Grund.

Kontore. Innerhalb ihres Machtbereiches gründete die Hanse unzählige Niederlassungen. Von noch größerer Bedeutung aber waren ihre Außenposten an den wichtigsten Handelsplätzen im Ausland, die Kontore.

Tyske Bryggen in Bergen (Norwegen): Tyske Bryggen bedeutet Deutscher Kai, wird hierzulande aber *Deutsche Brücke* genannt. Vom historischen Hanseviertel sind noch etwa 280 Holzhäuser erhalten. Bei ihnen handelt es sich um einen originalgetreuen Nachbau des im Jahr 1702 niedergebrannten Gebäudekomplexes. Tyske Bryggen zählt zum Weltkulturerbe der UNESCO.

Die Guildhall (Gildehalle) – später *Stalhof* – in London (England) war nur der beeindruckendste Teil eines Komplexes von etwa siebzig Gebäuden (Speicher mit Wohnungen), die das hansische Kontor in London umfasste. In der Gildehalle fanden Versammlungen, Gerichtsverhandlungen und Festlichkeiten statt. Der spätere Name *Stalhof* kommt wahrscheinlich vom niederdeutschen Verb *stalen*. Es bedeutete, Waren mit einer Blei- oder Wachsplombe zu versiegeln.

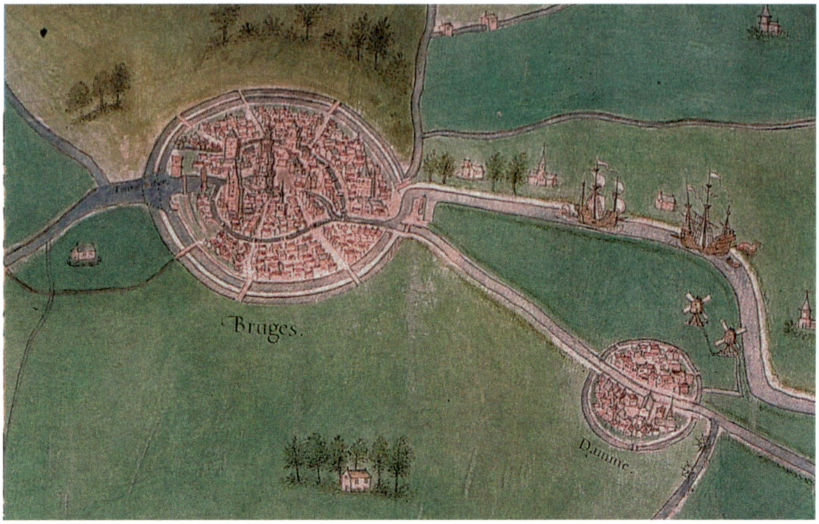

Historische Karte der belgischen Hafenstadt Brügge aus dem 15. Jahrhundert.

Das östlichste Kontor der Hanse, der Sankt-Peter-Hof in der Republik Nowgorod, vermittelte den Handel der russischen Fürstentümer und der Tataren mit den westeuropäischen Kaufleuten. Es war ein von Palisaden umsäumtes Viertel in der Stadt Nowgorod. In seiner Mitte stand die Kirche Sankt Peter, die ihm seinen Namen gab. Im Jahr 1494 wurde das Kontor von Iwan III. (dem Großvater Iwans IV., *dem Schrecklichen*) geschlossen. Er ließ daruafhin alle Gebäude zerstören.

Im Kontor in Brügge (Flandern) trugen die Hansekaufleute den Beinamen *Oosterlinge*, weil sie aus dem Osten kamen und mit ihren Schiffen in den für die Westeuropäer damals »fernen« Osten (bis nach Nowgorod im heutigen Russland) fuhren. Brügge war für die deutschen Kaufleute besonders wichtig, weil es regelmäßig von venezianischen Schiffen angelaufen wurde. In dieser Stadt bestand die einmalige – und gewinnträchtige – Möglichkeit, Waren aus dem Mittelmeerraum und dem Orient direkt gegen Waren aus dem hansischen Raum zu tauschen.

Ausbildung zum Hansekaufmann. Um einen aktiven Part im hansischen Handel zu übernehmen, bedurfte es vielfältiger Fähigkeiten. In eine angesehene und einflussreiche Kaufmannsfamilie hineingeboren zu werden, genügte keinesfalls, weshalb jeder Junge, für den eine kaufmännische Karriere vorgesehen war, eine speziell darauf zugeschnittene Ausbildung erhielt.
Da das Schulwesen im späten Mittelalter nicht mehr allein in den Händen der Kirche lag, bot es sich für einen Kaufmannssohn an, eine der öffentlichen Stadt- oder Ratsschulen zu besuchen, oder – sofern die Familie es sich finanziell leisten konnte – eine Privatschule. Sechs Jahre lang sollte er dort neben Lesen und Schreiben hauptsächlich Kenntnisse in Arithmetik, Geometrie und Latein erwerben.

Der Rozenhoedkaai im belgischen Brügge.

Im Alter von ca. zwölf Jahren begann dann die praktische Ausbildung im eigenen oder in einem befreundeten Handelshaus, die oft ebenfalls sechs Jahre dauerte. Da die meisten Hansekaufleute über ein großes Netz internationaler Handelsverbindungen verfügten, legten sie Wert darauf, dass ihre Lehrjungen einen Teil der Ausbildung im Ausland absolvierten. Besonders hoch angesehen waren diejenigen Kaufleute, die einige Zeit in einem der Kontore in Bergen, London, Brügge oder Nowgorod verbracht hatten. Dies lag nicht nur an den fundierten Kenntnissen, die dort erworben werden konnten, sondern auch daran, dass an diesen Stätten ein ganz besonderes Gemeinschaftsgefühl gepflegt wurde. Die in den Kontoren praktizierten Aufnahmeprüfungen waren de facto Mutproben und in ihrer Härte berüchtigt. Wer sie überstand, konnte sich der Anerkennung der anderen sicher sein und hatte es leichter, ein Netzwerk von Handelsbeziehungen aufzubauen.

»Jemanden hänseln«
Der Ursprung dieses Begriffs liegt in den rüden Aufnahmeritualen der hansischen Kontore. Heutzutage bedeutet er allgemein, sich aufgrund tatsächlicher oder angedichteter Defizite über jemanden lustig zu machen.

Auf die Lehrzeit folgten die Gesellenjahre, in denen häufig Handelsreisen im Auftrag des Kaufherrn unternommen wurden, die nicht selten an weit entfernte Orte wie Florenz, Bordeaux oder Konstantinopel führten. Viele der jungen Kaufleute erbten irgendwann den Handel ihres Vaters, Onkels oder Bruders, doch mit Fleiß und Geschick konnte es auch einem weniger begüterten Gesellen passieren, dass sein Herr ihm einen Anteil am Geschäft gewährte. Dieses Verhalten kennzeichnet bis heute das berühmte *Hanseatische Understatement*, bei dem die eingeschworene Gemeinschaft zwar hochgehalten wird, aber immer durchlässig bleibt und fähigen Neuzugängen eine Chance gewährt.

Schifffahrt – Ankommen ist das Ziel

Frachtverträge. Zu Beginn der Hansezeit waren Schiffer (Schiffsführer und -eigner) und Kaufmann in der Regel ein und dieselbe Person. Das änderte sich, als im Laufe des 14. Jahrhunderts die Schriftlichkeit in den Handelsverkehr Einzug hielt. Zum einen konnte der Kaufmann jetzt Gehilfen mit Vollmachten für Geschäftsabschlüsse ausstatten und musste seine Ware daher nicht mehr selbst begleiten. Zum anderen erhielt er die Möglichkeit, sein Handelsgut - und damit das Risiko eines Verlustes auf See - auf mehrere Schiffe zu verteilen. Dazu schloss er mit den jeweiligen Schiffern entsprechende Frachtverträge ab.
Nicht selten erhielt eine Kogge Ladung von mehr als einem Dutzend Befrachter. Deren Handels- oder Eigentumsmarken halfen dem Schiffer dabei, den Überblick über die mitgeführte Ware zu behalten.

»Etwas auf dem Kerbholz haben«
Bevor es schriftliche Handels- und Frachtverträge gab, ritzte man die Anzahl der Warenposten in ein sogenanntes *Kerbholz* (zum Beispiel pro Fass Bier oder pro Ballen Tuch eine Kerbe). Das Kerbholz wurde in Längsrichtung gespalten, und jede Vertragspartei bekam eine Hälfte davon. Wenn der Gläubiger dem Schuldner bei der Abrechnung sein Kerbholz präsentierte, zeigte sich, ob die Hälften noch zusammenpassten oder ob eine davon nachträglich manipuliert worden war. *»Etwas auf dem Kerbholz haben«* hieß also ursprünglich: Schulden besitzen, eine Lieferung noch nicht erbracht haben. Heute bedeutet es im übertragenen Sinn: Sich einer Sache schuldig gemacht, etwas Unrechtes getan haben.

Frachtkosten. Die Frachtkosten wurden gemäß dem Gewicht oder dem Volumen der Ware berechnet, seltener nach ihrem Wert. Zudem spielte außer der Entfernung auch die Dauer der Reise eine Rolle. Brauchte ein Schiff für eine Route zum Beispiel wegen widriger Wetterverhältnisse über Gebühr lange, hatten die Seeleute Anspruch auf einen höheren Lohn als ursprünglich für die Reise abgesprochen. Diese Mehrkosten mussten dann, je nach Vereinbarung, vom Schiffseigner, vom Befrachter oder von beiden Parteien gemeinsam gezahlt werden.

»Die Sache ist geritzt«
Sobald früher ein Handel in ein Kerbholz geritzt war, galt er als vereinbart. Heute bedeutet die Redensart generell, sich mit einer Sache einverstanden zu erklären. Etwas gilt als abgemacht.

Reisen in Flottenverbänden. Aufgrund der zunehmenden Gefahr durch Piratenübergriffe gab die Hanse die Empfehlung heraus, in Flottenverbänden zu segeln. Dieser Rat wurde jedoch längst nicht von allen befolgt, bedeutete er doch sowohl eine noch längere Wartezeit im Abfahrtshafen (weil man auf Mitfahrer warten musste) als auch eine verlangsamte Abfertigung im Ankunftshafen (wegen mangelnder Entladekapazitäten). Im Gegenteil witterte ein geschäftstüchtiger Kaufmann sogar besonders gute Chancen, wenn seine Güter nicht in der Masse mitschwammen. Und sicher sah auch so mancher Schiffer eine Möglichkeit, aufgrund des größeren Risikos höhere Frachtkosten geltend zu machen.

Heuer. Die Anmusterung der Mannschaft erfolgte durch den Schiffer oder in Vertretung durch den Steuermann. Die Anheuerung geschah in der Regel mündlich bei einem Becher Bier und wurde mit einem Schwur besiegelt. Sobald der Seemann sich auf diese Weise zum Antritt der Fahrt verpflichtet hatte, erhielt er den »Vorlohn«, ein Drittel der vereinbarten Heuer, auf die Hand gezahlt. Mit Abschluss dieser beiden Handlungen war der Heuervertrag rechtsgültig. Sofern er Familie hatte, wird der Seefahrer den größten Teil seines Handgeldes zu Hause abgegeben haben. Mit diesem Geldbetrag mussten Frau, Kinder und ältere Familienmitglieder während seiner Abwesenheit über die Runden kommen. In dem Augenblick, in dem sich der Seemann dann mit seinem *Hudefaz* (einem Schlafsack aus warmem Seehundsfell) und seiner Seekiste an Bord begab, stand er unter dem Kommando und der Obhut des Schiffers. Er durfte die Kogge nicht mehr ohne Erlaubnis verlassen, stand anderer-

Koggen im Flottenverband beim Einlaufen anlässlich der Hanse Sail in Rostock.

seits aber auch *in der Kost*, das heißt, er wurde an Bord voll verpflegt. Die restliche Heuer wurde in zwei weiteren Raten nach Erreichen des Fahrtziels und der Rückkehr im Heimathafen ausbezahlt.
Zusätzlich zur Heuer konnten die Seeleute sich noch Prämien verdienen, das Prim-, das Winde- und das Kühlgeld. Das *Primgeld* erhielt man ausschließlich in dem Fall, wenn Schiff und Waren ohne Beschädigungen und Verluste im Zielhafen ankamen. Das *Windegeld* bekam die Mannschaft, wenn sie beim Be- oder Entladen des Schiffes eingesetzt wurde. Das *Kühlgeld* war eine Entlohnung für das Umschaufeln von losem Getreide, damit es durch seine Selbsterwärmung nicht von Bakterien oder Schimmelpilzen befallen wurde oder keimte. Darüber hinaus mussten die Seeleute vor der Aufnahme von Schüttgut den Laderaum mit Holz verschalen (Garnier), um zu verhindern, dass durch den Koggenrumpf Seewasser eindrang und das Korn unbrauchbar machte.

Reisegeschwindigkeit. Ob eine Schiffsreise zügig verlief, hing hauptsächlich vom Wind ab. Bei Sturm musste die Kogge einen schützenden Ankerplatz aufsuchen oder konnte gar nicht erst auslaufen. Bei Flaute bewegte sie sich ebenfalls nicht, und blies der Wind aus der falschen Richtung, musste eine Pause eingelegt werden, da das Schiff sonst zurück – oder schlimmer noch – aufs Land geworfen wurde. Wollte ein Koggeschiffer den *Nachtsprung* wagen, weil reine Tagfahrten einen unverhältnismäßig langen Umweg bedeutet hätten, benötigte er dazu eine freie Sicht auf den Polarstern. Dies alles führte oft zu tage- oder sogar wochenlanger Wartezeit. Ohnehin wurde die Reisedauer nicht wie heute in Stunden, sondern in Wochen gemessen. Eine Zeitangabe mit ein bis vier Wochen Spielraum (je nach Entfernung), galt in der hansischen Schifffahrt als genau.
Die Höchstgeschwindigkeit einer Kogge lag bei umgerechnet acht Seemeilen pro Stunde (ca. 15 km/h). Bei längeren Routen überschritt die durchschnittliche Reisegeschwindigkeit aber sicherlich keine fünf bis sechs Seemeilen pro Stunde. Diese Angaben gelten jedoch nur für die Zeit auf dem Wasser, Zwangspausen und sonstige Widrigkeiten sind nicht mit eingerechnet. Sie haben wahrscheinlich den größeren Zeitanteil beansprucht, denn die Route von Hamburg oder Bremen nach Brügge oder London fuhr ein Schiff während der rund 250 Tage langen Saison höchstens drei Mal hin und zurück. Für die Gotlandfahrt wurden nur zwei Touren geplant und Nowgorod konnte sogar nur einmal pro Jahr angelaufen werden.

Im Winter ruhte die Schifffahrt vollständig, da die Gefahr von Stürmen zu groß war. Die Saison ging nur vom 22. Februar (*Petri Stuhlfeier*) bis zum 11. November (*Martini*).

Bordbuch. Wenn durch Sturm, Havarien, Unfälle oder Piratenübergriffe Waren zu Schaden gekommen waren, musste sich ein Schiffer nicht selten in seiner Heimatstadt vor Gericht gegen die Anklage behaupten, falsch oder fahrlässig gehandelt zu haben. Da das Bordbuch bei solch einem Verfahren als Beweismittel diente, wurden dort während der

Reise alle Ereignisse eingetragen, die für solch eine Gerichtsverhandlung wichtig sein könnten. Dazu gehörten unter anderem:

- gewählter Kurs/angepeilte Landmarken,
- Witterung, Bewölkung, Windstärke und -richtung,
- Strömungsverhältnisse,
- Lotungsergebnisse,
- Segelführung,
- Aufsuchen einer schützenden Bucht oder eines Zwischenhafens, Ankern und Ankerlichten,
- Erreichen des Zielhafens, Auslaufen aus demselben,
- Piratenübergriffe und Maßnahmen dagegen, z.B. Seewurf (Überbordwerfen von Fracht, um leichter und dadurch schneller zu werden).

Die Verantwortung für das Bordbuch trug der Schiffer, auch wenn er es durch einen Schreiber führen ließ. Das Führen eines Bordbuches erfolgte nicht gemäß Absprache zwischen Schiffer und Kaufleuten, sondern war durch das Seerecht offiziell und zwingend geregelt.

Flaggen und Wappen. Die berühmten schwarzen Piratenflaggen wurden erst um 1700 von einigen Seeräubern in der Karibik eingeführt. Bis dahin war die am häufigsten gewählte Flaggenfarbe Rot. Sie signalisierte, dass es für die Überfallenen keine Gnade gab. Die Likedeeler sollen unter blauer Flagge gesegelt sein; Blau ist die Trauerfarbe der Seeleute. Natürlich hissten sie dieses Zeichen erst, wenn der Mannschaft der verfolgten Kogge bereits klar sein musste, dass sie sich im Visier von Piraten befand. Vorher setzten die Likedeeler auf den Vorteil eines Überraschungsangriffs.

Hanseschiffe fuhren zunächst unter einer schlichten roten Flagge. Um Verwechslungen mit dänischen Schiffen zu vermeiden, deren Flaggen ebenfalls rot waren, wurden ab der zweiten Hälfte des 13. Jahrhunderts von beiden Parteien weiße Elemente eingefügt. Die Nationalflagge der Dänen – der *Dannebrog* – erhielt ein weißes Kreuz, die Flagge der Hanse zeigte zukünftig die Farbstreifen Rot unter Weiß. Häufig führten Handelskoggen die hansischen Farben Rot und Weiß auch im Segel und waren somit auch aus der Ferne gut erkennbar.

Zusätzlich zur Hanseflagge führten die Schiffe der Hansestädte ein Zeichen ihres Heimathafens. Zwar entwickelten alle Mitgliedsstädte eigene Flaggen mit ihren Wappen darauf, aber die Farben Rot-Weiß wurden häufig als Bestandteil gewählt. Die Führung des Stadtwimpels war unter Strafe zwingend vorgeschrieben. Eine Ausnahme wurde nur bei berechtigter Angst vor Kaperei zugelassen.

Schiffsnamen. Erst seit dem 13. Jahrhundert tragen Schiffe Namen. Die Bezeichnungen von Koggen waren zunächst männlich, nach und nach wurden auch weibliche Namen vergeben. Die BUNTE KUH, das Schiff, mit dem Störtebeker besiegt wurde, stellte Ende des 14. Jahrhunderts aber noch eine Ausnahme dar. Welchen Namen der Pirat Störtebeker selbst seinem Schiff gab, darüber gibt es verschiedene Vermutungen. Einige davon sind: SEEWOLF, SEETEUFEL, ROTER TEUFEL, TOD UND TEUFEL, NORDSTURM und SCHRECKEN DER NORDSEE.

Wappen am Lübecker Rathaus.

Wappen am Wassertor in Wismar.

Wappen Rostock, Sieldeckel.

Die Totenkopffahne kam erst im 17./18. Jahrhundert auf.

Waffen / Entern / Kampf – Feuertöpfe und andere Fernwaffen

Anlocken des Beuteschiffs. Die Schiffe der Likedeeler waren nicht grundsätzlich schneller als die Fahrzeuge ihrer Opfer. Der Unterschied lag hauptsächlich darin, dass die Piratenkoggen nur mit dem für die Stabilität des Schiffes nötigen Ballast (Steine oder Sand) beladen und dadurch wesentlich leichter waren als die schwer bepackten Kauffahrer.
Um ein Schiff auf See in die Falle zu locken, fuhren die Likedeeler oftmals absichtlich langsam. Dazu setzten sie das volle Segel, zogen aber gleichzeitig mit Blei gefüllte Eimer als Treibanker hinter sich her. Auf diese Weise erweckten sie den Eindruck, ebenfalls ein schwer beladenes Handelsschiff zu sein. Wenn das Opfer sich dann in Sicherheit wog, kappten die Piraten die Leinen zu den Treibankern und holten das Beuteschiff unter großer Geschwindigkeit mühelos ein.
Manchmal gaukelten sie dem Beuteschiff auch vor, sie seien in Schwierigkeiten. Dazu verlagerten die Piraten einen Teil des Ballastes im Bauch ihrer Kogge. Nun hatte das Schiff Schlagseite, und der Kauffahrer kam von selbst heran, um seine Hilfe anzubieten. Bis die Seeleute merkten, dass es sich um eine Finte handelte, war es für eine Flucht in der Regel zu spät.

Entermanöver. Bei einem Angriff in voller Fahrt brachten die Piraten ihre Kogge in Luvposition zum Beuteschiff, um diesem den Wind aus dem Segel zu nehmen. Daraufhin versuchten sie, mit Fernwaffen wie Langbögen, Armbrüsten oder Donnerbüchsen die Anzahl der gegnerischen Seeleute schon vor dem eigentlichen Entervorgang zu verringern. Mittels Enterdregge und Enterhaken wurde das überfallene Schiff dann an die Seeräuberkogge herangezogen. Die Leinen der Enterdreggen dienten gleichzeitig dem sofortigen Vertäuen beider Fahrzeuge. Nun sprangen die Piraten auf das Beuteschiff hinüber und es begann ein Bordkampf Mann gegen Mann.

»Jemandem den Wind aus den Segeln nehmen«
Ursprünglich: ein gegnerisches Schiff in den eigenen Windschatten bringen, damit es langsamer wird und geentert werden kann.
Heute: jemanden mit einem Argument in seinem Überschwang bremsen.

Fernwaffen. Generell werden Fernwaffen mit hoher Energie abgefeuert. Ihre Geschosse überwinden weite Entfernungen und haben trotzdem beim Einschlag noch genug Kraft, um große Schäden anzurichten. Ziel der

Likedeeler war jedoch niemals die Versenkung des angegriffenen Schiffes. In einem solchen Fall wären sie schließlich nicht mehr an ihre Beute herangekommen, zu der auch das Schiff selbst gehörte.
Fernwaffen sollten dabei helfen, ein flüchtendes Schiff möglichst manövrierunfähig zu machen und gleichzeitig zahlreiche Besatzungsmitglieder bereits aus der Distanz zu töten oder zu verletzen.

Langbögen besitzen viele Vorteile:
▸ gute Treffsicherheit, schnelle Schussfolge (mehr als zehn Pfeile pro Minute),
▸ große Reichweite (bei einer Entfernung von 100 Metern konnten die mit eisernen Spitzen versehenen Pfeile tödlich sein, auf eine Entfernung von 80 Metern wurden noch Brustpanzer durchschlagen).

Die Erfindung der Armbrust verband die herkömmliche Bogentechnik mit einem mechanischen Spannsystem. Bedingt durch ihre Konstruktion konnte die Waffe wesentlich mehr Energie auf ein Geschoss übertragen, als es einem Bogenschützen durch reine Muskelkraft möglich gewesen wäre. Zu Zeiten Störtebekers war die Armbrust das am häufigsten eingesetzte Schussgerät.
Vorteile:
▸ hohe Zielgenauigkeit auch ohne jahrelanges Training (Piraten waren in der Regel keine ausgebildeten Bogenschützen),
▸ noch größere Reichweite und höhere Durchschlagskraft als beim Langbogen (die mit eisernen oder stählernen Spitzen versehenen Bolzen waren auf eine Entfernung von 180 m tödlich).

Nachteile:
▸ geringe Schussfolge (je nach Übung 1 bis 3 Bolzen pro Minute); zum genauen Zielen war eine halbwegs ruhige See erforderlich.

Wegen ihres enorm hohen Gewichts und des damals noch unverhältnismäßig langwierigen Ladevorgangs kamen um das Jahr 1400 auf Schiffen noch keine großkalibrigen Kanonen zum Einsatz. Feuerwaffen, die kleinere Kugeln aus Stein oder Blei (12 bis 36 Millimeter) abschossen, waren dagegen durchaus keine Seltenheit mehr. Häufig wurden auch scharfkantige lose Eisenteile, in eine Lehmkugel eingearbeitet, als Munition verwendet. Die auf dreh- und schwenkbaren Gestellen an der Bordwand oder auf den Zinnen eines Kastells angebrachten schlanken Kanonen wurden Donnerbüchsen, Halsbussen oder Handrohre genannt. Ihr Laden beanspruchte so viel Zeit, dass während des Überfalls oft nur ein einziger Schuss damit abgegeben werden konnte, der jedoch in der Regel eine verheerende Wirkung hatte: Das Hagelschrot konnte mehrere Menschen gleichzeitig verletzen, das Segel zerfetzen oder Taue und Leinen durchtrennen.
Ab 1411 kamen sogenannte Luntenschlösser hinzu: Nach dem Anzünden glomm erst einmal nur die Lunte. Beim Betätigen des Abzuges wurde dann mittels eines Schnappmechanismus die glimmende Lunte an das Schießpulver gedrückt, was zur Zündung führte. Damit war der Schütze nicht mit dem Zünden, sondern nur mit dem Zielen befasst. Das einfache Luntenschloss senkte beim Auslösen des Abzugs eine langsam abbrennende Lunte in die Pulverpfanne.

Die Armbrust, eine tödliche Fernwaffe des Mittelalters.

Nachgebaute Donnerbüchse an Bord der Kogge WISSEMARA.

Bereits im Jahr 1385 wurden dem Piratenjäger und Stralsunder Bürgermeistersohn Wulf Wulflam für seinen Auftrag zur Bekämpfung der Seeräuber und zur »Befriedung der See« von den Hansestädten Lübeck, Rostock und Wismar insgesamt sechs Donnerbüchsen zur Verfügung gestellt (sie wurden auf fünf Schiffe verteilt).

Sogenannte Feuertöpfe, kleine dünnwandige, mit Schwarzpulver und Eisenstückchen gefüllte Metallbehälter, die vor dem Werfen angezündet wurden, waren gewissermaßen Vorläufer der Handgranaten. Sie besaßen eine ebenso hohe Wirksamkeit wie die Donnerbüchsen, wobei der Qualm des abbrennenden Schwarzpulvers nicht die eigene Sicht behinderte, sondern die des Gegners. Ihre Nachteile lagen in der kurzen Reichweite und der Gefahr, das Beuteschiff durch Brand zu versenken.

Mit Stabschleudern wurden nicht nur Steine geworfen, sondern auch Feuertöpfe auf das gegnerische Schiff katapultiert. Sie bestanden aus jeweils einer Lederschlinge, die an einem Stab befestigt war. Im Vergleich zum Werfen mit der bloßen Hand verursachten Schleudern eine größere Wucht und ermöglichten dadurch den Beschuss mit Feuertöpfen bereits aus weiterer Entfernung.

Schwarzpulver wurde im Mittelalter *Donnerkraut* genannt.

Der erhöhte Standpunkt eines Schützen auf einem Vorder-, Achter- oder Topkastell brachte eine nicht zu unterschätzende Vergrößerung der Reichweite mit sich. Deshalb wurden Donnerbüchsen vorzugsweise dort angebracht. Es gab auch fest montierte Armbrustgeschütze. Weil diese Waffen nicht gehalten werden muss-

Darstellung von Langbögen und Stabschleudern. Angriff friesischer Kreuzfahrer auf Damiette, Ägypten im Jahr 1218.

ten, konnte mit ihnen länger und genauer gezielt werden. Schutz und Deckung fanden die Kämpfer hinter der hölzernen Umrandung des jeweiligen Kastells (Schanzkleid), die beim Vorder- und Achterkastell gelegentlich auch aus Zinnen bestand.

Enterwerkzeuge. Die Enterdregge war ein an einem Seil befestigter Wurfhaken mit vier Spitzen. Nach dem Werfen verfingen die Enterdreggen sich in der Takelage oder an der Bordwand. Das verfolgte Schiff konnte nun herangezogen und am eigenen Fahrzeug festgemacht werden.

Zu Einsatz kamen auch sogenannte Enterhaken, lange Stangen, die vorn mit einem Haken und einer Spitze versehen waren. Enterhaken wurden eingesetzt, um das Beuteschiff endgültig längsseits an die eigene Bordwand zu ziehen und es dort festzuhalten, während es vertäut wurde. Durch seine Spitze diente ein Enterhaken gleichzeitig als Stichwaffe. Er ähnelte einem Bootshaken, bei dem die Spitze jedoch stumpf ist.

Ein Enterbeil mit Sporn und kurzem Stiel steckte bei Nichtgebrauch im Gürtel und kam beim Angriff auf ein ankerndes Schiff zum Einsatz. Die Spitze des Sporns wurde ins Holz der Bordwand gerammt und ermöglichte dadurch ein Hochklettern. Mit dem Enterbeil konnten Piraten die Seile kappen, die die Rah und damit das Segel oben am Mast hielten. Auf diese Weise wurde das Beuteschiff mit wenigen Hieben fahruntüchtig gemacht.

Enterbeil und Enterdregge gehörten zur Ausstattung der Piraten.

Nahkampfwaffen.
Kurzschwert: Hiebwaffe, einhändig geführt.
Vorteil gegenüber einem längeren Schwert:
- war im Kampfgetümmel weniger sperrig zu handhaben.

Nachteil:
- durch das geringere Gewicht hatte es weniger Wucht.

Das Entermesser war bereits im Mittelalter die von Piraten bevorzugte Nahkampfwaffe. Die einschneidige Klinge war machetenartig geformt. Vorteile gegenüber einem gewöhnlichen Kurzschwert:
- konnte als Hieb- und Stichwaffe benutzt werden.
- ideale Waffe für einen Kampf im Gedränge, da die Klinge nur auf einer Seite geschliffen war.

Der Dolch als reine Stichwaffe hatte zwei in der Spitze zusammenlaufende Schneiden und zeigte sich selbst auf engstem Raum effektiv (manchmal waren die Verhältnisse beim Enterkampf derart beengt, dass nicht einmal ein Entermesser benutzt werden konnte).

Der Nierendolch war die meistgebrauchte Waffe des späten Mittelalters. Seinen Namen erhielt er aufgrund der Ähnlichkeit des Parierstücks mit den beiden menschlichen Nieren.

Beute – Geiseln, Silber, Salzheringe

Gold und Silber. Die Hauptbeute der Seeräuber auf der Nord- und Ostsee bestand nur selten aus Gold und Juwelen, zumal der hansische Handel zu Beginn hauptsächlich ein Tauschhandel war. Der große Gewinn wurde von den Kaufleuten erst zu Hause eingestrichen. Aber genauso wie für die Händler der Verkauf ihrer Waren ein einträgliches Geschäft darstellte, verhielt es sich auch für die Piraten: Durch die Veräußerung der gestohlenen Beutestücke in Häfen, die ihnen wohlgesonnen waren, kamen sie an Bargeld.
Zu Zeiten der Vitalienbrüder hatte sich der Tauschhandel bereits in eine Wirtschaft gewandelt, in der die Waren gegen Edelmetall aufgewogen wurden. Es kamen zwar ebenfalls häufig Wechsel zum Einsatz, aber Kaufleute hatten stets eine kleine Truhe mit Geld dabei, um auch in bar Geschäfte abwickeln zu können. Diese »Schätze« bestanden zunächst hauptsächlich aus gehacktem Silber. Der Wert des Geldes bemaß sich ausschließlich nach dessen Gewicht, weshalb die Münzen nach Belieben geteilt – gehackt – wurden (sogenanntes *Hacksilber*). Aber auch arabisches oder venezianisches Geld (im Mittelmeerraum wurde bereits mit geprägten Münzen gezahlt) war im hansischen Raum im Umlauf. Wahrscheinlich wurde sein Wert ebenfalls ausgewogen.
Ab 1379 war die *Lübische Mark* das Hauptzahlungsmittel der Hanse. Es gab sie nicht als Münze, genauso wie das Pfund galt sie nur als Recheneinheit. Abgewogen bestand ein Pfund Pfennige aus 240 einzelnen Pfennigen. Für zwölf Pfund (2880 Pfennige, was 20 Mark entsprach) bekam man Ende des 14. Jahrhunderts wahlweise 60 Kühe, 1500 Pfund Butter, 45 Fässer »gutes« Bier oder 36 abgeschlagene Piratenköpfe (zwölf Pfund betrug der Lohn des Scharfrichters für die Enthauptung Störtebekers und seiner Männer).

Eigenbedarf. Viele der erbeuteten Güter mögen den Likedeelern exotisch vorgekommen sein, dazu zählten Brokatstoffe mit kompliziert gewebten Mustern aus Italien ebenso wie *Bombasin*, jene eigenartige Wolle, die im Orient auf Büschen wuchs und deshalb *Baumwolle* genannt wurde. Mit Dingen wie Waffen, Kettenhemden oder Teer zum Abdichten ihrer Schiffe konnten die Seeräuber wahrscheinlich mehr anfangen. Aber auch bei diesen Waren dürften die gekaperten Mengen den Eigenbedarf erheblich überschritten haben, weshalb das meiste davon sicher ebenfalls auf den Märkten landete.

Historische Darstellung: Fässer werden zum Transport vorbereitet.

Fass mit in Salz eingelegten Heringen. Das »Silber der Ostsee«.

Fässer für alle Gelegenheiten. Im Seehandel wurden nicht nur Flüssigkeiten (Bier, Wein) und Lebensmittel (Honig, Sauerkraut, Butter, Heringe, Äpfel) in Fässern transportiert. Grundsätzlich wurden alle Waren, die beim Kontakt mit Salzwasser Schaden nehmen konnten, in Tonnen verschifft (Werkzeuge, Waffen, Bücher, besonders kostbare Pelze oder Gewänder), außerdem Güter, die leicht zerstört werden konnten (Keramik) oder sehr schwer waren (Eisenerz, Rohlinge für Messerklingen u.ä.).

Die Säcke mit kostbarem Pfeffer aus Indien, nach denen die reichen Hansekaufleute ihren unrühmlichen Beinamen *Pfeffersäcke* erhielten, wurden für den Transport über See ebenfalls zusätzlich in wasserdichten Fässern gelagert.

Es ist daher folgerichtig, dass auch in *Tonnen* gerechnet wurde. Hierbei war allerdings nicht das Gewicht eines Fasses entscheidend, sondern sein Fassungsvermögen. Eroberten die Likedeeler eine voll beladene Kogge, konnte ihre Beute aus bis zu 300 Fässern Ware bestehen.

Während der Hansezeit verpackten die Seeleute alles in Fässern, sogar sich selbst: Sie schliefen im sogenannten *Hudefaz* (»Hautfass«, von mittelniederdeutsch *hud* = Haut und *fat* = Fass, Behälter), einem Schlafsack aus Seehundfell.

Stockfisch und Salzheringe.

Der Reichtum der Hansestadt Lübeck basierte auf Fisch und Salz. Fisch war im Mittelalter für alle Bevölkerungsschichten eine schmackhafte und erschwingliche Alternative zum teureren Fleisch. Darüber hinaus aß man in Europa an christlichen Fastentagen und an jedem Freitag Fisch. Fisch hatte nur einen Nachteil: Er verdarb schnell. Die Methoden, ihn

Stockfisch war eines der wichtigsten Handelsgüter.

zu konservieren, waren übersichtlich: Trocknen – Salzen – Räuchern. Räuchern war relativ aufwendig und verbrauchte viel Holz, deshalb blieben für den Massenverbrauch Trocknen und Salzen.

Bei norwegischem Stockfisch handelt es sich um Kabeljau oder Dorsch, der – damals genauso wie heute – nach dem Fangen und Ausnehmen paarweise über hölzerne Gestelle gehängt wird, um ihn dem Wind und der salzigen Seeluft auszusetzen. Durch die völlige Austrocknung ist der Fisch nahezu unbegrenzt haltbar und sehr leicht. Über die Stadt Bergen verschifften Händler jährlich bis zu 6 000 Tonnen Trockenfisch, dafür mussten 40 000 Tonnen Fisch gefangen werden. Stockfisch wurde in losen Bündeln im Laderaum der Koggen gestapelt und von den Hansekaufleuten bis nach Italien verkauft, wo er heute noch als Delikatesse gilt.

Die größten Heringsaufkommen gab es an der schwedischen Südküste (*Schonen*). Hierher lieferten Lübecker Kaufleute den Sommer über Schiffsladungen voller Salz aus den Salinen Lüneburgs und verteilten in Spitzenjahren mehr als 200 000 Tonnen Salzheringe von dort aus an sämtliche hansischen Märkte. Am »silbernen Segen«, dem *Brotfisch*, aus der Ostsee hatten alle Bevölkerungsschichten teil, an ihm aß sich der wohlhabende Ritter des Deutschen Ordens in den neu eroberten Ostgebieten genauso satt wie der arme Tuchweber in Köln.

Bernstein. Bernstein besteht aus Millionen Jahre altem Baumharz und ist daher kein »Stein« im herkömmlichen Sinn. Das gesetzliche Recht auf den alleinigen Handel mit Baltischem Bernstein besaß der Deutsche Orden. Viele Küstenbewohner sammelten täglich Bernsteine am Strand. Sie mussten die Fundstücke zwar abgeben, bekamen im Austausch dafür aber Salz. Auf diese Weise wurden während der Hansezeit ungeheure Mengen des Rohstoffs zusammengetragen. Neben Schmuck und Kunstgegenständen fertigte man hauptsächlich Rosenkranz-Gebetsketten aus ihm. Eine weitere Verwendung fand er ab etwa 1300 in Brillengläsern. Damals wie heute bei Sammlern besonders begehrt sind Bernsteine mit sogenannten *Inklusen*. Es sind Einschlüsse von Pflanzenteilen oder Vogelfedern sowie von kleinen Tieren wie Mücken, Libellen oder Ohrwürmern. Teilweise findet man sogar Exemplare mit vollständig konservierten Fröschen oder Eidechsen.

Der Begriff *Brille* leitet sich von den häufiger für die Linsen verwandten Bergkristallen ab, den *Beryllen*.

Geiseln. Ein zusätzliches Einkommen verschafften die Likedeeler sich dadurch, dass sie Schiffer oder reisende Kaufleute als Geiseln nahmen und erst gegen Zahlung eines hohen Lösegelds wieder laufen ließen. Dass dies eine überaus gängige Praxis gewesen zu sein scheint, ist aus der Tatsache zu erkennen, dass die Ansprachen des Hamburger Rates zu Beginn jeder Schifffahrtsaison (*Petri-Burspraken*) regelmäßig mit der Ermahnung begannen, nicht in Gefangenschaft zu geraten, da die Stadt für keinerlei Lösegeldforderungen einstehen würde.

Leben an Bord – Haferbrei und Hülsenfrüchte

Harte Bedingungen. Das Leben auf See war rau; Muskelkraft, Zähigkeit und eine widerstandsfähige Gesundheit Grundvoraussetzung. Als Pirat benötigte man zusätzlich noch eine gehörige Portion Skrupellosigkeit und Draufgängertum. Ein Mann, der all diese Fähigkeiten besaß, schaffte es vielleicht ein paar Jahre lang als Seeräuber unterwegs zu sein. Den Erlös aus seinem Beuteanteil zu sparen und nach einer gewissen Zeit ins »normale« Leben zurückzukehren, gelang jedoch kaum jemandem. Die Vielzahl an Vergnügungsetablissements in den Häfen besaßen bereits zur Hansezeit eine große Anziehungskraft auf Seeleute. Die Männer suchten einen Ausgleich zum harten Leben an Bord. Alkohol, Glücksspiel und Bordellbesuche ließen kaum etwas von dem erarbeiteten oder erbeuteten Geld übrig. Schlägereien waren an der Tagesordnung und endeten nicht selten im Gefängnis.

Seekisten. Dass jedes Besatzungsmitglied seine eigene Seekiste mitführte, basierte zur Hansezeit bereits auf einer jahrhundertealten Tradition. Diese Kiste war vergleichbar mit den Truhen in den Häusern auf dem Festland und enthielt die persönliche Habe eines Mannes sowie Waffen und Kleidung. Sie war das einzige Stück Privatsphäre an Bord, diente aber auch profaneren Zwecken, zum Beispiel als Sitzgelegenheit.

Kleidung. Störtebeker und seine Männer trugen vermutlich Sachen aus Leinen, Wolle oder Leder. Bei schlechtem Wetter zogen sie einen gefilzten Mantel aus schwerem Wollstoff über, der Nässe eine Zeit lang abhielt. Kamen Sturm und starker Regen hinzu, war die *Gugl* ihr wichtigstes Kleidungsstück, ein Schulterkragen mit Kapuze, der an den Mantel geknöpft wurde. An den Füßen trugen die Likedeeler entweder Schuhe, die aus leichtem Leder genäht waren und mit Lederriemen um die Knöchel gebunden wurden, oder robuste Stiefel.

Die Gugl schützte vor Nässe.

Ernährung. Schon im 14. Jahrhundert wurde auf Koggen warmes Essen zubereitet. Der Herd stand an Deck und bestand hauptsächlich aus einer mit Sand oder Lehm gefüllten Holzkiste. Diese Konstruktion war mit Steinplatten abgedeckt, auf denen man zum Kochen ein offenes Torffeuer entzündete.
Es gab metallene Kochtöpfe, die an einem Dreibein hingen oder auf eigenen Beinen über dem Feuer standen. Töpfe aus gebranntem Ton (*Grapen*) wurden direkt in die Glut gesetzt.

Die beiden Hauptnahrungsmittel an Bord einer Kogge waren Getreide und Hülsenfrüchte. Da frisches Brot innerhalb kürzester Zeit zu schimmeln begann, verzehrten die Seeleute Getreide in Form von Brei. Weizen, Roggen, Hafer oder Hirse wurden in Wasser eingeweicht und aufgekocht (selten mit Milch, sie verdarb zu schnell). Dazu gab man – je nachdem, was vorrätig war oder was man gerade erbeutet hatte – Butter, Salz, Nüsse, Honig, Rosinen oder anderes Trockenobst. Frisches Obst galt im Mittelalter ohnehin als ungesund. Noch haltbarer als Getreide waren getrocknete Hülsenfrüchte. Zusammen mit Zwiebeln bildeten Erbsen oder Bohnen Bestandteile fast jeder warmen Mahlzeit. Fleisch befand sich in gesalzener Form (Pökelfleisch vom Rind oder Schwein) oder geräuchert (Speck) an Bord. Fisch war ebenfalls in Salz konserviert (Hering) oder als Trockenfisch (Stockfisch aus Norwegen) verfügbar, manchmal wurde frischer Fisch direkt aus der Nord- oder Ostsee gefangen. Üblich war der Wechsel zwischen Fleischtag und Fischtag. Vermutlich gab es an den meisten Tagen Eintopf, da er einfach zubereitet und das steinharte Pökelfleisch darin weichgekocht werden konnte.

Da die Likedeeler nicht völlig auf Brot verzichten wollten, aßen sie auch *Tweebackenbrod* (zweimal gebackenes Brot), das durch dieses Verfahren trockener und damit haltbarer gemacht worden war. Schiffszwieback ist – wie viele andere Dinge – eine Erfindung des 14. Jahrhunderts.

Auch Hühnchen oder Ente waren eine willkommene Abwechslung, es gab sie aber nur bei besonderen Gelegenheiten, zum Beispiel an bestimmten kirchlichen Feiertagen. Möglicherweise wurde das Geflügel speziell für diese Bestimmung lebend in Käfigen mit auf die Reise genommen. Ob die Piraten nach der Erbeutung solcher Tiere mit deren Verzehr ebenfalls bis zum nächsten Feiertag warteten, darf allerdings bezweifelt werden.

Nachbau einer primitiven »Kombüse« auf einem Mittelalterfest.

Kannen aus Siegburger Steinzeug im Europäischen Hansemuseum, Lübeck.

Im Gegensatz zu Überseereisen späterer Zeiten, auf denen wochen- oder sogar monatelang kein Land gesichtet wurde, war bei Koggefahrern eine vielseitige und ausreichend vitaminhaltige Ernährung durch das sowieso notwendige Anlaufen von Zwischenhäfen problemlos machbar. Fraglich ist, ob der Einkauf von *Grüner Speise* bereits vorhandenen Gesundheitserkenntnissen zuzuschreiben ist oder lediglich darauf beruhte, der Mannschaft einen nicht allzu eintönigen Speiseplan zu bieten. Gegen die Annahme einer besonderen Fürsorge spricht, dass nicht nur die einfachen Seeleute, sondern auch die Schiffsführung nach denjenigen Mahlzeiten, die witterungsbedingt unter Deck eingenommen werden mussten, alle Speisereste in die Bilge fallen ließen, anstatt sie über Bord zu werfen.
Die Likedeeler teilten nicht nur ihre Beute miteinander, auch die hölzernen Schüsseln mit der Getreidegrütze oder dem Eintopf dienten mehreren Essern gleichzeitig. Solch eine Vorgehensweise war an Land ebenfalls üblich, warum sollte man diese Gepflogenheit ausgerechnet auf See, wo jede Ausrüstung nur in rationeller Anzahl vorhanden war, ändern? Die Hauptleute aßen möglicherweise, genauso wie die Schiffsführung auf den Handelsschiffen, von einfachen Tellern aus Zinn.

Der Hauptbestandteil des Proviants an Bord einer Kogge entfiel auf Bier. Da die alkoholische Gärung die Bildung von Keimen behinderte, wurde es nicht so schnell faulig wie Trinkwasser und schmeckte entsprechend besser. Die deutlich größere Menge des Vorrats bestand aus *Schiffsbier* – einem Dünnbier mit geringem Alkoholanteil –, nur ein Drittel dagegen aus dem kräftigeren *Guten Bier*. Darüber hinaus gab es Met, mit Met versetztes Bier und geringe Mengen Wein. An Bord genommenes Süßwasser diente in erster Linie zum Kochen. Getrunken wurde aus Henkelkrügen mit weitem Hals, die man *Kannen* nannte. Eine große Kanne fasste knapp zwei Liter.

Zeitmessung. Während an Land Stundenkerzen abgebrannt wurden, um die Zeit zu messen (pro Stunde eine Markierung), benutzte man an Bord Sanduhren. Diese Stundengläser wurden nach Ablauf immer wieder umgedreht, zum Beispiel um den richtigen Augenblick für das Ende und den Beginn einer Wache (einer Arbeitsschicht) zu ermitteln. Die Betreuung des Stundenglases war Aufgabe des Schiffsjungen.

Würfel- und Brettspiele. Da bei Einbruch der Dämmerung geankert wurde, hatten die Piraten abends genug Gelegenheit, sich die Zeit mit Spielen zu vertreiben. Außer Würfeln war das Mühlespiel sehr beliebt, dessen flache, meist eigenhändig aus Holz oder Knochen geschnitzten Spielsteine in kleinen Beuteln aufbewahrt wurden. Schach wurde ver-

Der Bugbereich der Hansekogge *aus Kiel mit Segeltuch überspannt. Bei gutem Wetter wurde hier vermutlich auch geschlafen.*

mutlich ebenfalls auf Koggen gespielt. Von besonderem Interesse ist ein auf einem Koggenwrack gefundener Spielstein, der so groß ist, dass mit ihm direkt auf den Deckplanken gespielt werden musste.

Schlafen. Im Vergleich zu den offenen Schiffen der vorhansischen Zeit, auf denen die Seeleute ohne Unterbrechung der Witterung ausgesetzt gewesen waren und sich bei Sturm und Regen nur notdürftig mit einer Segeltuchplane hatten schützen können, boten die durch Holzbohlen abgedeckten Koggen einen ungeheuren Komfort. Auf den frühen Koggen schliefen sämtliche Besatzungsmitglieder im Laderaum – neben oder auch auf der Fracht. Das bedeutete zwar eine Verbesserung, war aber immer noch eine recht feuchte Angelegenheit, da das Deck nur lose auflag. Regen und aufs Schiff schwappendes Seewasser liefen ungehindert in den Bauch der Kogge. Als im 14. Jahrhundert zunächst das Heck der Schiffe mit Kastellen überbaut wurde, kam man auf die Idee, diese Kampfplattform in gleicher Weise abzudichten wie die Bordwand. Genauso verfuhr man mit dem spitz zulaufenden Bug, unter dem ohnehin nur begrenzt Ware Platz fand. Auf diese Art entstanden die ersten trockenen Schlafplätze: im Vorschiff des Laderaums für die Mannschaft, unter dem Achterkastell für die Schiffsführung. Noch später schuf man hufeisenförmige Achterkastelle, deren Seitenarme mit Holzwänden geschlossen wurden. Diese einfachen Verschläge waren die ersten Kajüten der nordeuropäischen Seefahrt.
Um nicht auf nacktem Holz liegen zu müssen, besaßen die Likedeeler geflochtene Strohmatten. Gegen Kälte und Nässe schützten sie sich mit einem selbst mitgebrachten *Hudefaz.* In diesem großen, sackförmig zusam-

mengenähten Seehundfell wurde mit der Pelzseite nach innen geschlafen. Die nach außen gekehrte Lederseite pflegten die Männer sorgfältig mit Fett, damit sie wasserdicht blieb.

Aberglaube. Im Mittelalter bestimmte Gottesfurcht das Leben der Menschen. Eckdaten wurden häufig an kirchlichen Feiertagen festgemacht. So ging die jährliche Schifffahrtssaison vom 22. Februar (*Petri Stuhlfeier*) bis zum 11. November (*Martini*). Doch allen kirchlichen Bemühungen zum Trotz blühte der Aberglaube, besonders auf See, weil man dort noch mehr den Launen der Natur ausgeliefert war als an Land. Hierfür gab es um 1400 folgende Beispiele:

- Die Kammer des Schiffers lag (und liegt auch heute noch) an der Steuerbordseite, denn diese gilt als die »gute« Seite.
- Der Freitag galt generell als Unglückstag, an dem kein Schiff auslief; Sonntag war ein guter Tag.
- Bei Reisebeginn wurden Münzen über Bord geworfen, um eine glückliche Fahrt zu bekommen.
- Pfeifen an Bord brachte Unheil.
- Mit Besen konnte man den Wind herbeirufen oder in die richtige Richtung wehen lassen.
- Die Seelen von toten Seeleuten wohnten in Möwen und anderen Seevögeln.

Die Likedeeler galten zwar als extrem furchtlos, waren aber sicher nicht weniger abergläubisch als andere Seeleute. Auf dem Meer machte ihnen vor allem eines Angst: dass der Klabautermann, ein unberechenbares, kaum zwei Fuß großes Männchen mit feuerroten Haaren, schlechte Laune hatte und an Bord seinen Schabernack trieb. Manchmal ärgerte der Klabautermann Störtebekers Männer, indem er ihre tagsüber verrichtete Arbeit am Schiff nachts wieder vernichtete, in anderen Fällen unterstützte er sie aber auch dabei. Ständig lärmte und rumorte er unsichtbar im Schiff herum. Ruhe zeigte lediglich an, dass der Kobold mit der Besatzung nicht zufrieden gewesen war und das Schiff verlassen hatte. Dann stand Unheil bevor. Ließ er sich dagegen sehen, bedeutete das noch Schlimmeres: Nun war das Schiff dem sicheren Untergang geweiht. Solange der Klabautermann aber auf gutem Fuß mit der Mannschaft stand, war eine segensreiche Fahrt garantiert.

Der *Klabautermann* wurde auch *Klabattermann* (niederdeutsch: klabastern = polternd, lärmend umhergehen) oder *Kalfatermann* (niederdeutsch: *kalfatern* = Dichtungsmaterial in die Schiffsfugen klopfen) genannt.

Als Dank für ihre Errettung im Winter 1393/94, als die Schiffe der Vitalienbrüder bei ihrer Aktion, Lebensmittel ins von der dänischen Königin Margarethe I. belagerte Stockholm zu bringen, im Eis einfroren, stifteten die Piraten vor Ort eine Ewige Messe. Die niedersächsische Stadt Verden an der Aller führt eine Stiftung auf Störtebeker zurück, die der Seeräuber unter der Bedingung vorgenommen haben soll, dass alljährlich am Sonntag nach *Laetare* (dem vierten Fastensonntag) Salzheringe und Brot an die bedürftige Bevölkerung verteilt würden. In Erinnerung an ihren Wohltäter führt die Stadtverwaltung diese Tradition bis zum heutigen Tage fort.

Arbeiten an Bord – Mit der Kogge vor dem Wind

Auf Siegeln dargestellte Arbeiten aus Winchelsea, England und Damme, Belgien.

Vor der Abfahrt. Bevor eine Kogge in See stechen konnte, wurden alle Taue und Segel gründlich überprüft und bei Bedarf ausgebessert oder ersetzt und größere Lecks repariert. Für Schäden, die während der Reise auftraten (die Wahrscheinlichkeit dafür war sehr hoch), wurden Ersatzteile und weiteres Material mitgenommen. Befanden sich eine oder sogar mehrere Donnerbüchsen an Bord, überprüfte man die Munition und kontrollierte, ob das Schwarzpulver noch trocken war. Schließlich verstauten die Seeleute die Fracht oder eventuell nötigen Ballast im Laderaum und nahmen ausreichend Proviant für die Besatzung aufs Schiff.

Tauwerk.

Segelsetzen. Die kraftaufwendigste Arbeit an Bord einer Kogge war das Setzen des bis zu 130 Quadratmeter großen Hauptsegels. Obwohl die Rah mit dem Segel nicht mehr per Hand am Mast hochgezogen wurde, sondern mittels einer Winde, des Bratspills, wurden dennoch bis zu acht Mann für dieses Manöver benötigt.

Ankerlichten. Der Anker wurde mit Hilfe des auf dem Achterkastell stehenden Gangspills nach oben gehievt. Beim Betätigen des Gangspills steckten die Seeleute ebenfalls Spillhaken in die dafür vorgesehenen Öffnungen, anders als beim Bratspill aber schoben sie diese vor sich her und gingen dabei um das Gangspill herum.

Steuern. Die Verantwortung dafür, dass der Kurs gehalten wurde, trug der Steuermann. Der Rudergänger bediente die Ruderpinne, welche wiederum das Heckruder bewegte. Er selbst konnte nicht sehen, wohin er manövrierte, was auch nicht nötig war, da er seine Anweisungen vom Steuermann oder vom Schiffer bekam, der auf dem Achterkastell stand.

Segelmanöver. Das Segel einer Kogge konnte inklusive angehängter Bonnets (zusätzlicher Segelstücke) mehr als 200 Quadratmeter Fläche besitzen. Es hatte einem gewaltigen Winddruck standzuhalten und war entsprechend schwer zu bedienen. Mit den Brassen und Schoten, Leinen, die an der Rah und unten am Segeltuch befestigt waren, schwenkten die Seeleute das Segel so um den Mast, dass der Wind optimal hineinblies.

Ausguck halten. Von der erhöhten Position im Topkastell aus wurden zur Navigation benötigte Landmarken wie Kirchtürme, Klippen oder besondere Baumgruppen früher erkannt als von Deck aus. Auch die gefährlich knapp unter der Wasseroberfläche liegenden Sandbänke der Nordsee konnten auf diese Weise rechtzeitig ausgemacht werden. Piraten nutzten die verbesserte Aussicht dazu, um Beuteschiffe aufzuspüren. Das Topkastell erreichte man bis zur zweiten Hälfte des 14. Jahrhunderts über das Tau, mit dem der Mast am Bug befestigt war (Vorstag). Das erst kürzlich freigelegte Fresco im Ratskeller von Wismar (um 1380) zeigt erstmals zwischen den Wanten einer Schiffsseite befestigte Webleinen. Auf ihnen konnte geklettert werden wie auf einer Strickleiter.

Loten. Auf einer Kogge wurde regelmäßig gelotet, um die Wassertiefe und die Beschaffenheit des Bodengrundes festzustellen. Dazu ließen die Seeleute einen mit Talg ausgestrichenen Bleikegel an einer Leine ins Wasser. Das Loten diente hauptsächlich der Standortbestimmung und war die gebräuchlichste Navigationsmethode im hansischen Schifffahrtsraum.

Ausbesserungs- und Kontrollarbeiten. Langeweile kam an Bord einer Kogge selten auf. Segelstücke wurden genäht, Taue gespleißt und abgenutzte Teile der Takelage repariert. Da diese Arbeiten nicht zu den Lieblingsbeschäftigungen der Besatzungsmitglieder – und schon gar nicht der Likedeeler – gehörten, besorgten Letztere sich vermutlich lieber Ersatz von ihren Beuteschiffen. Für alle Holzarbeiten und abzudichtende Leckagen war der Schiffszimmermann verantwortlich, der dafür oftmals die Hilfe eines Teils der übrigen Mannschaft in Anspruch nahm. An Bord einer Kogge war ständig jemand mit Teereimer und Pinsel unterwegs, um den Laderaum oder das Deck des Achterkastells abzudichten (darunter befand sich der einzige wirklich trockene Platz an Bord, hier hielt sich bevorzugt die Schiffsführung auf). Zu den weiteren Aufgaben auf See gehörte es, die Ladung zu kontrollieren und bei Bedarf umzulagern. Außerdem mussten die Waffen zum Einsatz bereit sowie das Schiff insgesamt in Ordnung gehalten werden.

Glasen. Die Länge einer Wache und der Zeitpunkt des Wachwechsels an Bord wurden mithilfe eines am Mast angebrachten Stundenglases (daher der Ausdruck *Glasen*) ermittelt. Alle dreißig Minuten, wenn der Sand durchgelaufen war, drehte ein Mannschaftsmitglied die Sanduhr um. Wenn er nicht gerade Freiwache hatte, war dies die Aufgabe des Schiffsjungen. Bei jedem Glasen blies er zusätzlich ins Horn.

Teerfass der Bremer Kogge im Deutschen Schifffahrtsmuseum Bremerhaven.

Aus: Olaus Magnus: Historia de Gentibus Septentrionalibus, 1555

Frühneuzeitliche Darstellung von Seeleuten beim Werfen des Lotes.

Sanduhren wurden als Zeitmessgeräte eingesetzt.

Am Ende jeder dieser vierstündigen Wachen erscholl der Ruf: »*Reise, Quartier, in Gottes Naam! Acht Glas sind slaan, uns Wach´ is daan! Reise, Quartier, in Gottes Naam!*« Der Weckruf (»*Steh auf, Wachmannschaft, in Gottes Namen! Acht Glasen sind geschlagen, unsere Wache ist beendet!*«) wurde vom 12. Jahrhundert bis zum Ende der kommerziellen Segelschifffahrt gesungen.

Etwa ab dem 16. Jahrhundert kamen beim Glasen Schiffsglocken zum Einsatz. Eine volle Stunde wurde mit einem Doppelschlag und jede halbe Stunde mit einem einfachen Schlag kundgetan. Waren beispielsweise zweieinhalb Stunden der Wache vergangen, ertönte der Glockenschlag o o o o o.

Mit Besen Wind machen. Wenn günstiger Wind zu lange auf sich warten ließ, versuchte die Mannschaft ihr Glück meist mit althergebrachten Seefahrtstraditionen in Form eines alten Besens.

- Befand sich das Schiff in einer Flaute, verbrannte man im Kochfeuer einen Besen. Wichtig dabei war, dass der Besenstiel in die Richtung zeigte, in die der Wind wehen sollte.
- Wenn ein Schiff schon eine Zeit lang mit Gegenwind festsaß und ihm dann auch noch eine Kogge unter vollem Segel entgegengebraust kam, warf man dieser einen Besen vor den Bug. Daraufhin hoffte man, dass der Wind umsprang und das eigene Schiff den guten, das andere Schiff den schlechten Wind bekam.

»Die Segel streichen«

Ursprünglich: die Segel einholen, weil Sturm aufkommt. Auch zeigte man früher seine Kapitulation dadurch an, dass man vor dem Feind die Segel einholte.

Heute: ein Vorhaben aufgeben, weil die Widerstände unüberwindbar werden.

Berufe – Geachtete Knochenjobs

Schiffer (mittelniederdeutsch *schipher* = Schiffsherr). Der Schiffer war meistens Eigner des Schiffs oder zumindest Anteilseigner. Als Kapitän führte er die Kogge und trug die Verantwortung für das Schiff, die Ladung und die Mannschaft. Er schloss mit den Kaufleuten die Frachtverträge ab, heuerte das Schiffsvolk an, überwachte das Laden und Löschen der Ware, bestimmte, ob gefahren, geankert oder schützende Buchten beziehungsweise Häfen angelaufen wurden, und entschied, wann und wo das Schiff Lotsen an Bord nahm. Geriet ein Mannschaftsmitglied während eines Landganges unter Arrest – zum Beispiel, weil es in eine Schlägerei verwickelt war –, kümmerte der Schiffsherr sich darum, dass der Mann nach Möglichkeit wieder freikam. Wurde ein Mannschaftsmitglied krank, oblag es der Fürsorgepflicht des Schiffers, an Land eine geeignete Unterkunft und ausreichende Pflege sicherzustellen. Der Schiffsherr war also Eigentümer, Transportunternehmer, Kapitän und Kindermädchen in einer Person.

Um all diese Aufgaben kompetent erfüllen zu können, benötigte der Schiffer nicht nur seemännisches Können, Erfahrung in der Mannschaftsführung und einen untadeligen Ruf bei den befrachtenden Kaufleuten. Vorausgesetzt wurde darüber hinaus, dass er Bürger einer Hansestadt war, dort Grund und Boden besaß und eine Ehefrau vorweisen konnte. Hatte ein Mann aber schließlich die hohe Position der Schiffsführung erlangt, genoss er allgemein ein hohes Ansehen.

Steuermann. Er war für die gesamte Navigation verantwortlich. Seine Hauptaufgaben bestanden im Anpeilen von Landmarken und anderen Sichtzeichen zur Standortbestimmung sowie im Ausloten der Fahrwassertiefe. Der Steuermann gab meist dem Rudergänger direkte Anweisungen, wohin dieser die Kogge steuern sollte. Meistens befand sich der Steuermann dafür auf dem Achterkastell, weil er von dort den besten Überblick über Schiff und Fahrweg hatte.

Der Steuermannn stand in der Rangordnung zwischen dem Schiffer und dem Hauptbootsmann. Er übernahm die Beaufsichtigung der Mannschaft, wenn der Schiffer schlief, krank war oder sich an Land befand. Als dessen Stellvertreter nahm er gelegentlich auch Anheuerungen vor.

Aus den Wörtern *Peilen* (ursprünglich *pilen*) und *Loten* entstand der Begriff *Pilot*.

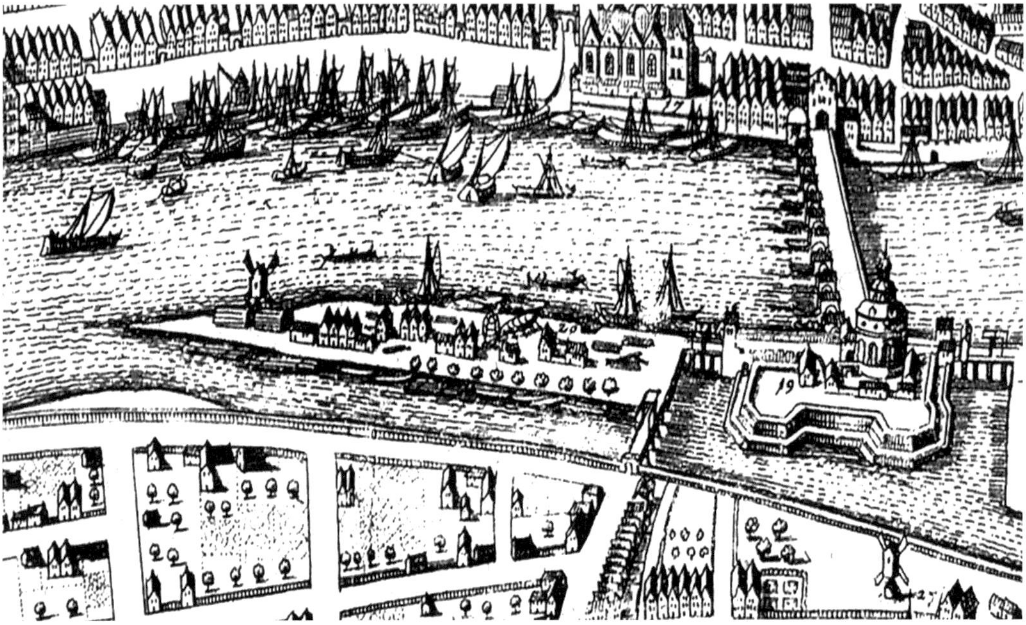

Matthäus Merian der Ältere zeichnete den Bremer Teerhof, ein Werftgelände der Hansestadt. Zu erkennen sind Holzstapel und Schiffsneubauten auf einem Helling.

Schiffsmänner – Bootsmänner. Die Besatzung einer Kogge wurde Schiffsvolk genannt. Die Bezeichnung *scheppeskindere* (Schiffskinder) war ebenfalls gebräuchlich. Das Schiffsvolk unterteilte sich in *shipmans* (Schiffsmänner) und *bosmans* (Bootsmänner), wobei die *shipmans* im Rang höher standen als die *bosmans* und eine entsprechend höhere Heuer erhielten. Die Einteilung dürfte in etwa den heutigen Voll- und Leichtmatrosen entsprechen.

Hauptbootsmann. Der Hauptbootsmann (niederdeutsch: *hovetbosman*) war für das Schiffsvolk und alle seemännischen Arbeiten an Bord verantwortlich. Er sorgte dafür, dass die Befehle des Schiffers ausgeführt wurden.

Rudergänger. Er stand an der Ruderpinne und steuerte mit ihr das Schiff. Jeder Rudergänger war in der Lage, auch andere seemännische Arbeiten an Bord zu erledigen, aber anders herum konnte nicht jedes weitere Mannschaftsmitglied »zu Ruder gehen«. Ein Rudergänger gehörte zu den *shipmans*.

»Am Ruder sein«
Wer im übertragenen Sinne am Ruder ist, bestimmt den Kurs. Er entscheidet, wohin es geht und was gemacht wird. Entsprechend hat derjenige, der *»sich das Ruder aus der Hand nehmen lässt«* nichts mehr zu sagen.

Schiffszimmermann. Zu Beginn der Hansezeit wurden alle Zimmermannsarbeiten an Bord einer Kogge noch von der regulären Mannschaft erledigt. Der erste Beweis für einen Schiffszimmermann stammt aus dem Jahr 1362. Zimmerleute, die ihrem Beruf auf See nachgehen wollten, be-

nötigten dafür eine abgeschlossene Lehre. War es das eigentliche Ziel des Zimmermanns, auf einer Werft als Schiffbauer zu arbeiten, musste er eine Reise auf der *Westsee* (Nordsee) sowie zusätzlich zwei Schifffahrtssaisons auf der Ostsee absolvieren.
Die Arbeit eines Schiffszimmermanns bestand hauptsächlich aus der Ausbesserung von auftretenden Lecks, die durch Beschädigung oder Verrottung des Holzes auftraten, denn solche schadhaften Stellen gab es an Bord eines Seeschiffes reichlich. Besonders geschätzt waren seine Fähigkeiten, wenn eine Kogge nach Stürmen oder Piratenüberfällen starke Beschädigungen aufwies und zu kentern drohte.
Der Schiffszimmermann bekleidete den gleichen Rang wie der Hauptbootsmann.

Schiffskoch war kein Lehrberuf, den man an Land erlernen konnte. Nach einer schwerwiegenden Verletzung – zum Beispiel der Amputation eines Beines – war diese Aufgabe häufig die einzige Möglichkeit, weiterhin an Bord eines Schiffes zu arbeiten. Dementsprechend abenteuerlich dürften die jeweils ersten Verköstigungsversuche eines neuen Schiffskochs ausgefallen sein.
Sofern ein Koch als Mannschaftsmitglied auf einer längeren Reise gebraucht wurde, bekleidete er auf einer Kogge offiziell zwar einen mittleren Rang (zwischen dem Schiffszimmermann, dem Hauptbootsmann und den *shipmans*), erhielt aber wenig Anerkennung von der Mannschaft, vermutlich, weil er keine volle Arbeits- beziehungsweise Kampfeskraft mehr besaß. Bei Streitigkeiten innerhalb der Besatzung musste er oft als Sündenbock herhalten. Da er der Einzige war, der keiner bestimmten Wache zugeordnet werden konnte, bestand die Besatzung einer Kogge immer aus einer ungeraden Zahl von Männern. Auch dieser Umstand mag zu der nicht immer positiv behafteten Sonderstellung des Schiffskochs beigetragen haben.

Schiffsjunge. Ganz unten auf der Rangordnung einer Kogge standen die Schiffsjungen. Zeitgleich mit den Handwerkslehrlingen an Land unterlag ihre Ausbildung jedoch ab der zweiten Hälfte des 14. Jahrhunderts bereits festen Regeln. Allein oder zu zweit erlernten sie auf einer Kogge ihren zukünftigen Beruf, wobei sie während ihrer ersten Reise als *Jungen* galten, danach als *Jungknechte* oder *Schiffsknappen*. Je nach Befähigung hatte ein Schiffsjunge die Möglichkeit, sich im Laufe der Jahre über die verschiedenen Ränge bis zum Schiffer hochzuarbeiten.

Schreiber. Im 14. Jahrhundert hatte sich die Anwesenheit eines Schreibers an Bord eines Handelsschiffes bereits fest eingebürgert. Allerdings gehörte er nicht zur Besatzung, sondern fuhr als Bevollmächtigter der befrachtenden Kaufleute auf dem Schiff. Im Zielhafen kam er seinen kaufmännischen Aufgaben nach, indem er mit den Handelspartnern seiner Auftraggeber Geschäfte durchführte. Auf See oblag ihm die Führung des Bordbuches, das bei Verlust von Ware durch Sturm, Schiffbruch oder Piratenüberfälle als Beweismittel vor Gericht diente. Das Führen solch eines Bordbuches war Pflicht, die Verantwortung dafür lag beim Schiffer.

Regeln und Strafen – Gemeinsam sind wir stark

Festgelegte Gemeinschaft. Eine Lebensgemeinschaft, die einen so geringen Raum zur Verfügung hat wie auf einem Schiff, muss reibungslos funktionieren, da ihre Mitglieder ausnahmslos aufeinander angewiesen sind. Auch im 14. Jahrhundert bedeutete jede Störung dieses Systems eine erhöhte Gefahr für alle. Schon die Besatzung einer normalen Kogge bewegte sich in einer autarken (Männer-)Welt, in der die Gemeinschaft einen hohen Stellenwert einnahm. Doch ungeachtet aller Gemeinschaftsgefühle führte das harte und beengte Leben ständig zu Konflikten innerhalb der Mannschaft. Um diese in den Griff zu bekommen, galten auch auf Piratenschiffen feste Regeln. Bei Nichteinhaltung wurden rigoros ebenfalls festgelegte Strafen verhängt.

Rechte und Regeln. Die Regeln der Likedeeler könnten wie folgt ausgesehen haben:

- Der Schiffshauptmann wurde von der Mannschaft gewählt oder abgesetzt.
- Bei Entscheidungen über Angriff oder Nichtangriff und in Seenot hatten alle Likedeeler ein Mitspracherecht.
- Jeder Likedeeler erhielt gemäß seinem Status einen Anteil an der Beute (Mannschaftsmitglied: einfacher Anteil, Schiffszimmermann: anderthalbfacher Anteil, Steuermann: zweifacher Anteil, Schiffshauptmann: dreifacher Anteil).
- Da gerecht geteilt wurde, verpflichtete sich jeder Likedeeler gleichermaßen, im Kampf sein Leben einzusetzen.
- Die Waffen mussten sauber und jederzeit gefechtsbereit gehalten werden.
- Schlägereien an Bord waren verboten.
- Kein Likedeeler durfte ein anderes Mitglied des Bundes bestehlen oder betrügen.
- Der Aufenthalt unter dem Achterkastell war nur den Hauptleuten, dem Steuermann sowie dem jeweiligen Rudergänger gestattet.
- Wegen der hohen Brandgefahr waren unter Deck keine Kerzen und oder offenes Feuer erlaubt.

Mitspracherecht. Vom 12. bis zum 15. Jahrhundert gab es auf hansischen Schiffen eine rechtlich herausragende Besonderheit: In kritischen Situationen konnte der Schiffer seine Mannschaft zu einer Entscheidung hinzuziehen. Hatte er diese Möglichkeit einmal gewählt, war er zwar gezwungen, gemäß Mehrheitsbeschluss zu handeln, minderte aber gleichzeitig das Risiko, sich nach überstandener Gefahr gerichtlichen Schadensersatzansprüchen der Kaufleute

gegenüberzusehen. Die Mannschaft wiederum hatte bei jeder Entscheidung - egal ob gemeinsam oder vom Schiffer allein getroffen - absoluten Gehorsam zu leisten. Das System ging im 16. Jahrhundert wieder verloren, unter anderem deshalb, weil die Hanse den Schutz beziehungsweise die Bergung des Kaufmannsguts immer mehr über die Sicherheit der Seeleute stellte.
Für die Likedeeler ist anzunehmen, dass sie innerhalb ihres Bundes das Mitspracherecht noch weiter ausbauten und damit eine Grundlage für die Piratenordnungen späterer Jahrhunderte legten.

Strafen. Jeder Pirat, der wegen Feigheit auffiel oder sich nicht an die Regeln des Likedeeler-Bundes hielt, musste – je nach Schwere des Vergehens – mit folgenden Strafen rechnen:

- Er bekam weniger oder gar keinen Anteil an der Beute.
- Er wurde aus der Gemeinschaft ausgeschlossen.
- Er wurde getötet (möglicherweise erst, nachdem man ihm ein Körperteil abgeschlagen hatte).

Wahl zwischen zwei Übeln. Trotz der Todesgefahr wird die Besatzung einer überfallenen Kogge sich selten völlig kampflos ergeben haben. Denn wenn die Seeleute sich weigerten, einen Angriff mit allen ihnen zur Verfügung stehenden Mitteln abzuwehren, erwarteten sie zu Hause drastische Strafmaßnahmen. Diese bestanden aus dem Verlust der Heuer, Gefängnisstrafen, Brandmarkung oder Auspeitschen. Dem Schiffshauptmann konnte die Erlaubnis entzogen werden, ein Schiff zu führen. In jedem Fall drohte hoher Ehrverlust.

Aus: Daniel Defoe: The Life and strange Adventures of Robinson Crusoe, 1894

Die härsteste Strafe: ausgesetzt auf einer Insel.

Aussetzen auf einer einsamen Insel. Die schwerste Strafe, die der Schiffsführer einer Handelskogge auf See verhängen konnte, war das Aussetzen eines Mannschaftsmitgliedes auf einer unbewohnten Insel. Solch eine Maßnahme durfte nur bei besonders schweren Regelverletzungen angewendet werden. Außerdem mussten diese später noch beweisbar sein. Daraus lässt sich schlussfolgern, dass der Ausgesetzte auf dem Rückweg womöglich wieder an Bord genommen wurde, um im Heimathafen vor ein Gericht gestellt zu werden. Ein ausgestoßener Seeräuber dürfte darauf allerdings vergeblich gewartet haben.

Krankheiten und Verletzungen – Husten, Holzbein, Hakenhand?

Riskanter Beruf. Generell galt Seemann als einer der gefährlichsten Berufe des Mittelalters. Höchstes Ziel einer jeden Seefahrt war für die Besatzungsmitglieder, zu überleben. Schiffsunglücke geschahen verhältnismäßig häufig. Besonders auf der Nordsee gab es Risiken wie heftige Stürme, tückische Strömungen und eine Vielzahl an knapp unter der Wasseroberfläche liegende Sandbänke, die den Fahrzeugen zum Verhängnis wurden.

Schiffsverlust drohte jedoch nicht ausschließlich durch Havarie, sondern auch durch Piraten. Zwar antworteten die Hanseschiffe im Laufe der Zeit mit bewaffneten Söldnern, trotzdem kam es relativ oft vor, dass eine Kogge von Vitalienbrüdern oder Likedeelern gekapert und in deren Flotte überführt wurde. Die Mannschaft hatte dann die Wahl, zu den Piraten überzuwechseln oder das Schiff zu verlassen. Diejenigen Seeleute, die in den Piratenbund eintraten, lebten zukünftig noch gefährlicher als bisher. Schließlich setzten sie sich fortan ständigen Gefechten aus, die – falls die überfallene Mannschaft sich nicht sofort ergab – äußerst blutig ablaufen konnten, und bei Gefangennahme war ihnen der Tod ohnehin sicher. Andererseits werden all diese Risiken für die ärmeren Menschen der damaligen Zeit kaum abschreckend gewirkt haben, da sie ohnehin oft am Rande der Existenz standen.

Fortbewegungsmittel eines Beinamputierten.

Unfälle. Schon bei der täglichen Arbeit auf dem Schiff waren die Mannschaften der Frachtschiffe sowie auch die Piraten einer ständigen Verletzungsgefahr ausgesetzt. Unfälle, zum Beispiel aufgrund von überstrapaziertem Tauwerk oder herabfallenden Lasten, geschahen häufig und hatten unter anderem Quetschungen, Brüche oder innere Verletzungen zur Folge. Das Risiko, bei stürmischem Wetter über Bord zu gehen und zu ertrinken, war ebenfalls nicht gerade gering.

Krankheiten. Die schwere körperliche Arbeit an frischer Luft härtete den Großteil der Seeleute gegen Erkältungskrankheiten ab. Da die Männer auf See aber sehr oft einer nasskalten Witterung ausgesetzt waren und in einem ständig feuchten Laderaum oder an Deck schlafen mussten, konnten chronische Entzündungen der Bronchien sowie rheumatische Erkrankungen kaum vermieden werden. Darüber hinaus breiteten sich eingeschleppte Seuchen rasend schnell aus, weil in der Bilge dauerhaft Wasser stand, das zudem noch von der Besatzung selbst durch Essensreste oder Fäkalien verunreinigt wurde. Das Joch späterer Jahrhunderte jedoch, der Skorbut, blieb den Seeleuten im Mittelalter erspart, weil sie in relativ geringen Abständen Häfen anliefen und sich dort mit frischem Obst und Gemüse versorgen konnten.

Verletzungen als Folge eines Kampfes. Bei einem Kampf erlitten sowohl reguläre Seeleute als auch Piraten hauptsächlich Stich- und Schnittwunden. Aus *Donnerbüchsen* abgeschossene Splittermunition oder nach deren Einschlag umherfliegende Holzteile konnten tiefe, ausgefranste Fleischwunden oder Augenverletzungen verursachen. Nicht wenige Männer verbluteten noch während des Gefechts. Doch auch kleinere Blessuren bedeuteten eine Gefährdung des Lebens, da sie sich leicht entzündeten. Waren Gliedmaßen infiziert oder von vorneherein schwerer verletzt, versuchte man, das Leben des Betroffenen durch eine Amputation zu retten. Dies geschah nach Möglichkeit an Land. Doch selbst dort starben die Patienten häufig an Blutverlust oder Wundbrand. Schwere innere Verletzungen oder zerschmetterte Knochen waren ohnedies unheilbar.

Behandlung und Genesung. Da auf den Koggen kein Arzt mitfuhr, gab es auch keine geregelte medizinische Versorgung. Möglicherweise waren einige getrocknete Kräuter gegen Magenverstimmungen sowie die eine oder andere Salbe an Bord, und Wunden oder Brüche wurden sicherlich von den Mannschaftsmitgliedern notdürftig verbunden oder geschient, aber ernsthafte Erkrankungen konnten nur an Land behandelt werden. Auf Handelsschiffen hatte der Schiffer eine Fürsorgepflicht gegenüber seinen Männern und der Patient einen Anspruch darauf, bei voller Lohnfortzahlung an Land gesund gepflegt zu werden. Dazu wurden ihm ein Krankenlager, Beleuchtung und Ernährung gestellt, ebenso wie die ausreichende Betreuung durch eine Pflegerin und einen Schiffsjungen. Qualität und Umfang des Essens sollten dabei dem entsprechen, was der Seemann an Bord erhalten hätte. Wünschte der Kranke eine bessere Verpflegung, musste er für die Mehrkosten selbst aufkommen. Bei Verletzungen, die durch Raufereien entstanden waren, bestand dieser Anspruch nicht.

Berufsunfähigkeit. Die allgemeine Annahme, dass ein Pirat nach einer lebend überstandenen Amputation seine Arbeit an Bord einfach mit einem Haken als Ersatzhand tat, mit einem Holzbein auf dem Schiff herumhüpfte oder gar ein feindliches Schiff enterte, kann leider nicht bestätigt werden. Solch ein Invalide fand sein Auskommen auf See höchstens noch als Schiffskoch. Auch nach dem Verlust »nur« eines Auges konnten seemännische Arbeiten zwar noch verrichtet werden, im Kampf jedoch war der Betroffene so stark im Nachteil, dass es für ihn schnell tödliche Folgen hatte.
Ob und in welcher Weise derartige Beeinträchtigungen bei den Likedeelern entschädigt wurden, zum Beispiel »zehn Mark für den Verlust einer Hand«, »zwanzig Mark für den Verlust eines Arms« und so weiter, ist nicht bekannt.

»Wandelnder Tod« auf einem Mittelalterfest.

Schlupfwinkel und Schatzverstecke – Von Inseln, Höhlen und Legenden

Gotland. Bevor Lübeck seine Vormachtstellung in der Hanse einnahm, beherrschten gotländische Händler den Warenverkehr auf der Ostsee. Die Stadt Visby war Dreh- und Angelpunkt aller Geschäfte und Verschiffungen, die zwischen den russischen Fürstentümern und deutschen Kaufleuten durchgeführt wurden. Als die Vitalienbrüder im Jahr 1395 Visby eroberten, übernahmen sie also nicht irgendein Provinznest, sondern eine strategisch günstig gelegene Handelsmetropole mit langjähriger Tradition.

Unter dem Schutz ostfriesischer Häuptlinge. Nach ihrer Vertreibung aus der Ostsee war ausschließlich die Nordsee das Operationsgebiet der Vitalienbrüder, die sich von nun an immer häufiger *Likedeeler* nannten. Viele ihrer Anführer – auch Störtebeker – begaben sich unter den Schutz der ostfriesischen Häuptlinge. In ihrem jeweiligen Einflussbereich fand die Beute der Piraten einen guten Absatz. Händler und Bevölkerung dieser Landstriche nutzten die Gelegenheit, günstig Ware zu erwerben.
Die Ostfriesen selbst waren ebenfalls im Seeraub aktiv. Der Umstand, dass Seeschiffe fast ausschließlich in Sichtweite der Küste fuhren und ihre nächtlichen Ankerplätze vom Land aus gut zu erreichen waren, kam ihnen dabei sehr gelegen. Sie starteten Überraschungsangriffe mit *Schniggen* – kleinen schnellen Seglern, die auch gerudert werden konnten und offiziell zum Fischen dienten. Auf diesen Fahrzeugen schlichen sich die ostfriesischen Piraten – wohl oft mit Unterstützung erfahrener Likedeeler – mit zehn bis fünfzehn Mann an ihre Beuteschiffe heran. Dort angekommen kletterten sie die Ankerkette empor oder erstiegen mithilfe ihrer Enterbeile die Bordwand.
Darüber hinaus pochten die ostfriesischen Häuptlinge noch auf dem längst überholten Strandrecht, das die Hanse bereits seit geraumer Zeit nicht mehr anerkannte. Allerdings bezogen sie dieses ohnehin umstrittene Recht nicht nur auf havarierte Schiffe an den heimischen Stränden, sondern bei Bedarf auch auf solche, die lediglich bei Ebbe im Watt trockengefallen waren.

Ostfriesische Küste. Was passende Schlupfwinkel anging, bot Ostfriesland eine Menge Möglichkeiten. In den Tagen Störtebekers war die südliche Nordseeküste längst noch nicht so abgerundet wie heute und damit wesentlich unübersichtlicher. Es gab zahlreiche versteckte Buchten, schmale Flüsschen und riesige

Mögliche Ansicht des heute verlandeten Hafens von Marienhafe, Friesland (19. Jh.).

Sumpfgebiete, in denen die Seeräuber sich vor ihren Verfolgern verbergen konnten. Für Piratenjäger kam erschwerend hinzu, dass das flache Wattenmeer zwischen der ostfriesischen Küste und seinen vorgelagerten Inseln damals noch weit mehr als heute aus einem Gewirr von willkürlich mäandernden Prielen und sich ständig verlagernden, teilweise nur knapp unter der Wasseroberfläche liegenden Sandbänken bestand. Dieses navigatorisch höchst anspruchsvolle Gebiet war ohne die Hilfe einheimischer Lotsen kaum zu bewältigen. Die verschiedenen Likedeeler-Gruppen konnten sich in dieser Region also einigermaßen sicher fühlen.

Die geheime Zufahrt von Marienhafe. Störtebekers Winterlager befand sich ab dem Herbst 1396 bis Mitte März 1400 vermutlich in Marienhafe. Der Ort lag damals noch direkt an der ostfriesischen Küste und besaß einen ausgebauten Hafen. Das Dach der Kirche von Marienhafe ließ Störtebeker der Legende nach zu einer Navigationshilfe ganz besonderer Art umbauen. Die eine Seite wurde mit Schiefer gedeckt, die andere mit Kupfer. Bei Niedrigwasser war der Schlupfwinkel von See aus nur über eine schmale Fahrrinne erreichbar. Lediglich in das Geheimnis Eingeweihte schafften es, auf dieser – *Störtebekertief* genannten – Fahrrinne zu bleiben und nicht auf Grund zu laufen. Sahen sie ausschließlich den Turm der Kirche und nichts von dem dahinter liegenden Dach, befanden sie im sicheren Wasserlauf. Konnten sie etwas von der mit Kupfer gedeckten Seite erkennen, liefen sie Gefahr, auf den *Kopersand (Kupfersand)* aufzulaufen. Erblickten sie etwas von dem Schieferdach, näherten sie sich dem *Leysand* (*Ley* = Schiefer). Auf diese Weise gelang es den Likedeelern, ihren schwer zugäng-

Eines der Piratenverstecke in der Nordsee war die Insel Helgoland. Hier mit dem Wahrzeichen, der Langen Anna.

lichen Schlupfwinkel für sich selbst zu jeder Zeit offen zu halten.

Versorgung im Winter. Dass die Likedeeler einen so großen Zulauf hatten, mag u.a. daran gelegen haben, dass viele Arbeitsplätze in der Schifffahrt saisonabhängig waren. Während der vorgeschriebenen Winterpause vom 1. November bis zum 21. Februar wurden weder Seeleute noch Hafenarbeiter benötigt. Entsprechend hatten diese Männer im Winter Schwierigkeiten, ihre Familien zu versorgen. Bei den Vitalienbrüdern hingegen musste auch während der kalten Jahreszeit niemand Not leiden, denn im Winterlager fand jeder seinen Platz, auch wenn er Frau und Kinder bei sich hatte.

Sommerquartier Helgoland. Störtebekers Sommerlager befand sich aller Wahrscheinlichkeit nach auf Helgoland. Diese einundsechzig Meter hoch aus dem Meer aufragende Felseninsel lag für die Seeräuber strategisch gleich in zweifacher Hinsicht günstig. Zum einen führte die Route London/Brügge–Bergen/Ostseehäfen in Sichtweite an Helgoland vorbei, zum anderen war die Elbmündung lediglich einen Steinwurf entfernt. Die Likedeeler brauchten sich dort nur auf die Lauer zu legen, um einen der zahlreichen Hamburg-Fahrer abzufangen.
Helgoland bot den Piraten jedoch noch einen Vorteil. Im 14. Jahrhundert waren die heutige Hauptinsel und die daneben liegende sogenannte *Dune* noch mittels eines natürlichen Damms aus Geröll miteinander verbunden. Zusätzlich verlief ein fast durchgehendes Riff von der Südost- bis zur Südwestspitze. So entstand ein geräumiger Naturhafen, in dem mehrere Dutzend Schiffe gleichzeitig Schutz finden konnten; ein Umstand, der Störtebeker und seinen Männern im Jahr 1400 jedoch zum Verhängnis werden sollte.

Sibetsburg. Die Sibetsburg auf dem Gebiet des heutigen Wilhelmshaven wurde von den Vitalienbrüdern ebenfalls als Versteck genutzt. Hier gewährte ihnen der Ostfriesenhäuptling Edo Wiemkens über Jahre hinweg Unterschlupf. Die gut ausgebaute Festung lag ursprünglich an einem Flussarm und war durch mehrere hintereinanderliegende Wälle und Wassergräben geschützt. Im Jahr 1433 wurde sie im Zuge des letzten großen Schlages der Hanse gegen die verbliebenen Seeräuber auf der Nordsee erobert und 1435 vollkommen zerstört.

Burg Upgant. In unmittelbarer Nähe von Marienhafe liegt die vermutlich Ende des 14. Jahrhunderts errichtete Burg Upgant. Der Legende nach war Störtebeker mit der Tochter des mächtigen Ostfriesenhäuptlings Keno tom Brok verheiratet und erhielt die Burg von seinem Schwiegervater als Brautschatz. Hier soll ihm die junge Frau auch einen Sohn geboren haben.
Seine von den Hansen erbeuteten Schätze hatte er angeblich aber nicht in seinem Haus versteckt, sondern im Turm der Kirche von Marienhafe, der heute noch als *Störtebekerturm* bekannt ist. Auch die Gewölbekeller des nicht weit entfernten *Wykhofs*, dessen Besitzer vor einigen Jahrzehnten mutmaßlich mehrere Töpfe voller Gold fand, werden als möglicher Aufbewahrungsort geraubter Kostbarkeiten angesehen.

Schatzverstecke in Mythen und Legenden. Die Tatsache, dass die Hansekaufleute auf ihren Koggen kaum Gold und Geld mitführten, geschweige denn Juwelen, Tafelsilber

Der Königsstuhl auf der Insel Rügen: eines der Schatzverstecke Störtebekers?

oder andere hochwertige Prunkstücke, steht entgegen der hohen Anzahl der in norddeutschen Sagen und Legenden genannten Schatzverstecke Störtebekers. 31 dieser geheimnisumrankten Orte liegen in Pommern, 22 in Mecklenburg, 36 in Schleswig-Holstein, drei im Raum Oldenburg und sechs in Ostfriesland. Weiterhin gibt es Gerüchte über einen Schatz auf Bornholm, einen in der Uckermark sowie vier auf dem heutigen Hamburger Gebiet. Zumeist handelt es sich um Höhlen an der Küste, um selbst gegrabene unterirdische Gänge, um Seen oder um Gebäude, in denen Störtebeker angeblich Zuflucht gesucht hatte.

An der Kreideküste der Insel Rügen soll Klaus Störtebeker Beute und Schätze in einer Höhle gehortet haben. Die sogenannte *Störtebekerhöhle* wurde zwar nie gefunden, jedoch sind Abbrüche in dem *Stubbenkammer* genannten Gebiet relativ häu-

fig, sodass die Höhle möglicherweise längst ein Opfer der Ostsee geworden ist.
Der heutige Westturm, das Wahrzeichen der ostfriesischen Insel Wangerooge, hatte zwei Vorgänger, den ältesten aus dem 14. Jahrhundert. Der Sage nach saß Störtebeker oft oben auf dem Turm und blickte auf die See. Der Schlüssel zum Turm – und damit zu seinen Schätzen – sei so groß und schwer gewesen, dass zwei Männer benötigt wurden, um ihn zu tragen. Störtebeker dagegen hatte ihn stets bei sich in der Tasche, woran man ermessen könne, wie stark er war.

Über das sagenumwobene »Gold im Mast« existieren verschiedene Legenden. Eine davon erzählt von einem armen Mann, der von Störtebeker den Tipp bekam, den Mast eines in einer Bucht liegenden Schiffswracks zu zersägen. Der Mann staunte angeblich nicht schlecht, als er in dem ausgehöhlten Holz eine Unmenge an Goldstücken fand. In einer anderen Geschichte bekamen die Hamburger nach der Gefangennahme Störtebekers heraus, dass der Seeräuber den Mast seines Schiffes mit Gold ausgegossen hatte, und verkleideten damit das Dach ihrer Kirche *Sankt Katharinen*.

Eine weitere sagenhafte Geschichte erzählt, dass Störtebeker versucht hätte, sich von seiner drohenden Hinrichtung bei den Hamburger Ratsherren freizukaufen. Zu diesem Zweck überließ er ihnen seine gesamten Schätze. Aus ihnen ließen die Hamburger eine goldene Kette fertigen, die einmal um die ganze Stadt herum reichte. Den Piraten Klaus Störtebeker allerdings ließen sie dennoch hinrichten.

Der Wehrturm in der ostfriesischen Stadt Marienhafe.

Gold an der Kirchturmspitze St. Katharinens in Hamburg.

Hafen – Umschlag mit Know-how

Häfen, Schiffsländen, Trockenfallen im Watt. Zu Zeiten der Vitalienbrüder gab es zwei verschiedene Arten von Anlegestellen. Zum einen waren dies ausgebaute Häfen mit Kaianlagen, zum anderen die von je her genutzten Schiffsländen. Hierbei handelte es sich um sandige Strände an Flussufern oder an der Küste. Auf ihnen wurden die Schiffe direkt aufgesetzt, sie »landeten an«. Ein solches Anlanden war ausschließlich mit Fahrzeugen möglich, die flache Böden und geringen Tiefgang besaßen. Hätte eine Kogge sich mit ihrem hohen Gewicht und dem kantigen Bug (der Vordersteven saß fast rechtwinklig auf dem Kiel) in eine Schiffslände gerammt, wäre sie nur unter größten Schwierigkeiten wieder losgekommen. Da Störtebeker und seine Männer jedoch auch kleinere Segler, wie zum Beispiel die Schnigge, benutzten, hatten sie die Möglichkeit, ein geeignetes Flussufer oder eine der zahlreichen versteckten Buch-

Geschäftiges Treiben »Im Hafen einer Hansestadt«. Schulwandbild Dortmund, Westfälisches Schulmuseum, 1960.

ten anzulaufen, um ihre Beute zu löschen. Notfalls konnte die auf einer Kogge transportierte Ware aber auch in tieferem Wasser auf Leichter umgeladen werden, die sie dann ans Ufer brachten. An der Nordseeküste bot sich den Seeräubern noch eine weitere Alternative: Sie ließen ihre Schiffe bei Ebbe einfach trockenfallen (wozu eine Kogge mit ihrem breiten Boden durchaus geeignet war) und luden die Güter auf Pferdefuhrwerke um, die ihnen übers Watt entgegenkamen.

Kaianlagen. In den mittelalterlichen Hafenstädten wie Hamburg oder Lübeck existierten bereits fest installierte Kaianlagen. Die Erweiterung dieser Uferbauwerke verlief parallel zur fortschreitenden Entwicklung der Handelsschiffe. Bestanden solche Uferbefestigungen zu Beginn der Hansezeit noch ausschließlich aus Holz, so fand man im Laufe der Zeit Mittel und Wege, sie dauerhaft aus Stein zu errichten. Eine interessante Zwischenlösung ist sowohl aus dem norwegischen Bergen als auch aus Rostock bekannt. In beiden Häfen wurden zunächst an Land hölzerne Kästen gezimmert, die dann im Wasser, direkt an ihrer zukünftigen Position, mit Natursteinen gefüllt, abgesenkt und übereinandergestapelt wurden. Zwischen Warnemünde und dem Rostocker Stadthafen dienten diese heute noch im Wasser des Naturhafens *Breitling* vorhandenen, 500 Meter langen Steinkistenbauwerke dazu, das Fahrwasser zu begrenzen und es vor Versandung zu schützen. Entsprechend der steigenden Zahl von Handelsschiffen trieben die Hansestädte auch den Ausbau ihrer Häfen voran. Einfache Kaimauern genügten dem wachsenden Andrang schon bald nicht mehr, weshalb vermehrt Piers angelegt wurden. Diese auch *Kaizungen* genannten Uferanlagen ragten im rechten Winkel von der Kaimauer ausgehend ins Hafenbecken und vervielfachten auf diese Weise den Platz, an dem große Handelsschiffe festmachen konnten. Da aber auch der durch Piers geschaffene Anlegeplatz begrenzt und darüber hinaus das Fahrwasser in so manchen Hafenbecken für die schwer beladenen Koggen nicht tief

Eine Hafenszene mit Kaufmann und Zimmermann befand sich auch auf der Rückseite eines 50-D-Mark-Scheines (Erstausgabe 1951).

genug war, machten die Schiffe häufig an Duckdalben fest. An diesen den Piers in einigem Abstand vorgelagerten, in den Untergrund gerammten Eichenpfählen wurden die Seeschiffe oftmals zunächst geleichtert, d.h., man lud einen Teil der Ladung auf kleinere Wasserfahrzeuge wie Prahme oder Schuten um, die die Güter dann ans Ufer brachten. Lag die Kogge danach nicht mehr so tief im Wasser, konnte sie an die Kaianlagen wechseln und dort vollständig entladen werden. Da die Anzahl der abzufertigenden Schiffe beständig zunahm – während der Saison zwischen März und November drängten sich mehrere tausend Schiffe auf See und in den Häfen –, dienten Duckdalben auch dazu, in Warteposition liegenden Koggen einen sicheren Ankerplatz zu bieten.

Ballast. Eine Kogge, die noch keine, zu wenig oder nur eine sehr leichte Fracht (zum Beispiel Stockfisch) geladen hatte, musste Ballast aufnehmen, damit sie sicher im Wasser lag. Ein Schiff, das für 100 Tonnen Ware ausgelegt war, benötigte hierzu circa 25 Tonnen Gewicht, also ein Viertel der gesamten Tragfähigkeit. Mit dem Be- und Entladen des Ballastes hatten die Seeleute viel Arbeit. Um sich die Mühe zu ersparen, den Ballast ordnungsgemäß auf die dafür vorgesehenen Plätze im Hafen zu schaffen, entsorgte die Besatzung einer Kogge ihn oftmals direkt ins Wasser. Da aber die Hafenbecken deshalb regelrecht zu verstopfen drohten – zumal sie auch durch Abfall und Wracks »belastet« waren –, wurden strenge Verbote erlassen. In manchen Häfen machte man aus der Not eine Tugend, indem der direkte Ballastabwurf ins Wasser an solchen Stellen erlaubt wurde, an denen ohnehin Wasserbaumaßnahmen geplant waren, um mehr Fläche zu gewinnen. In anderen Fällen mussten zum Beispiel in Hamburg die Schiffe ihren Ballast von den Sandbänken der Elbe beschaffen, die ohnehin ständig beobachtet und abgetragen wurden, weil sie bei Ebbe den Schiffsverkehr gefährdeten.

»Ballast abwerfen«
Ursprünglich: eine schwere Last – in der Regel Steine oder Sand – die zum Gewichtsausgleich auf einem Schiff mitgeführt wurde, über Bord werfen. Heute: sich von einer Last befreien oder einer Bürde entledigen.

Be- und Entladung der Schiffe. Die simpelste Art, eine Kogge zu be- oder entladen, war es, die Ware durch pure Manneskraft auf langen hölzernen Planken ins Schiff oder aus dem Schiff heraus zu bewegen. Hierzu eigneten sich Transportfässer besser als Kisten oder Säcke, da sie nicht getragen werden mussten, sondern kraftsparend gerollt werden konnten. Während der Hansezeit waren sie die mit Abstand meistbenutzte Verpackung, weshalb man sie heute auch gerne als die *Container des Mittelalters* bezeichnet.

Ein bordeigenes Hilfsmittel zum Laden und Löschen der Fracht war die Rah, das Rundholz, an dem normalerweise das Segel hing. Aufgrund der Hebelwirkung konnten mit ihr Güter aus dem Schiffskörper gehoben, über die Reling geschwenkt und auf dem Kai abgesetzt werden. Auch bei der Umladung der Waren von Kogge zu Kogge leistete sie gute Dienste.

Das berühmte Krantor in der Hansestadt Danzig (Fotografie um 1890), wird im Jahre 1367 erstmals erwähnt.

Um die Rah mit dem daran befestigten Gut leichter heben und senken zu können, benutzten die Seeleute das Gang- oder das Bratspill. Auch Taljen wurden bereits eingesetzt.

Ähnlich wie die Rah funktionierte der Wippkran. Das eine Ende seines Schwenkarms wurde in den Laderaum gesenkt, wo die Schiffsmannschaft an dem am Rundholz hängenden Seil Fässer, Kisten, Säcke, Ballen oder Bündel befestigte. Dann zogen die Kranknechte an Land das andere Ende des Holzes nach unten, wodurch das Frachtgut nach oben gehoben wurde: Sie wippten es aus dem Schiff.

Bei einem Turmkran befand sich das Hebewerk in einem überdachten Kranhaus. Diese Konstruktionen waren Drehkrane, deren Dachaufbau sich mit dem daran befestigten Ausleger um eine zentrale vertikale Achse drehte. Betrieben wurden sie in der Regel mit Hilfe zweier Doppel-Treträder, die einen Durchmesser von vier bis fünf Meter hatten und auf jeweils einer Seite der horizontalen Achse angebracht waren. In ihnen t(r)aten insgesamt vier Kranknechte einen Knochenjob. Ihre Laufleistung versetzte einen Turmkran in die Lage, Lasten von bis zu 2,5 Tonnen aus einem Schiff zu hieven. So war es möglich, mehrere Fässer, Ballen usw. gleichzeitig in Netzen zu laden oder zu löschen. Außerdem hatten die Kranknechte eine wichtige Aufgabe, wenn es darum ging, Masten in Schiffe einzusetzen oder herauszuheben.
Noch bis ins 18. Jahrhundert hinein war der Tretradantrieb weit verbreitet. Heute findet man in Europa noch neunzehn dieser Hafenkrane (davon vier Nachbauten), u.a. in Trier (Alter Krahnen, 1413, war bis 1910 in Betrieb - 497 Jahre lang!), Bingen (Rheinkran, 1487, erneuert 1819), Lüneburg (Alter Kran, 1330, Neubau 1797), Stade und Rostock (Rekonstruktionen). Die unbestritten beeindruckendste aus

»Sich in einer Tretmühle befinden«
Ursprünglich: Genau wie Treträder zum Lastenheben wurden Tretmühlen als Antrieb für konventienelle Mühlen benutzt. Für die Arbeit in Tretmühlen wurden auch Gefangene herangezogen.
Heute: sich in einem mühsamen, gleichförmigen, sich immer wiederholenden (Arbeits-)Prozess befinden. Jemand, der das Gefühl hat, in einer *Tretmühle* zu sein, sieht sich gezwungen, die immer gleichen Dinge zu tun, ohne aus dem Vorgang ausbrechen zu können oder wenigstens einen Fortschritt zu erkennen.

der Hansezeit erhaltene Hebevorrichtung ist das Krantor in Danzig (1367, Umbau 1442–1444). Das bekannte Wahrzeichen der Hansestadt enthält eine sich über sechs Stockwerke erstreckende Tretkrankonstruktion, die Lasten von bis zu vier Tonnen heben und 27 Meter lange Masten in Schiffe einsetzen konnte.

Der Bockkran ähnelt dem Turmkran, allerdings drehte sich bei ihm die gesamte Konstruktion um die eigene Achse. Solche Kräne waren hauptsächlich in flandrischen und holländischen Häfen zu finden.

Im Laufe des 14. Jahrhunderts wurden erstmals Kräne auf Schiffen eingesetzt. Bei ihnen handelte es sich um hölzerne Drehkräne, die auf dem gesamten Hafengelände äußerst flexibel gehandhabt werden konnten. Zum Beispiel waren Schwimmkräne bei der (Teil-)Entladung der auf Reede liegenden Koggen von großem Nutzen, ebenso wie bei der Bergung im Hafenbecken gesunkener Schiffe und Ladung.

Nachbau eines Hafenkrans in Brügge, Belgien.

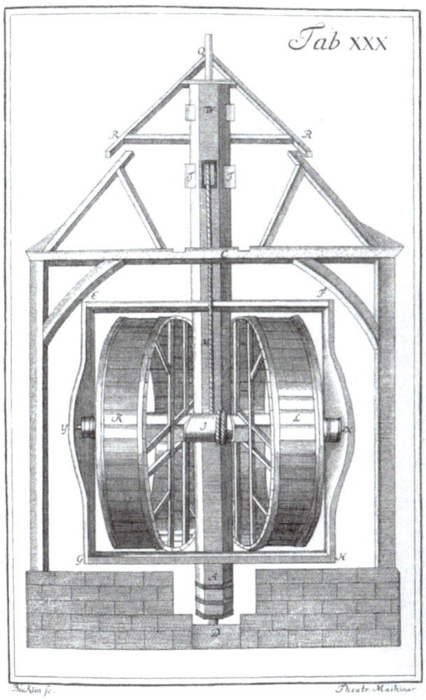

Aus: Leupold, Theatrum Machinarium Generale, Leipzig 1724.

Technische Zeichnung eines Krans mit Treträdern.

Rekonstruktion eines Tretkrans im Rostocker Stadthafen.

»Ins Rotieren kommen« oder **»Ins Schleudern geraten«**
Ursprünglich: Das Halten der aus einem Schiff (oder auf einer Baustelle) gehobenen Last während des Drehvorganges war schwierig und extrem gefährlich zugleich, da die Laufräder nicht fixiert und damit gesichert werden konnten. Das Absenken stellte ebenfalls ein Problem dar, weil sich die Last durch ihr Eigengewicht selbstständig machen und die Männer in den Treträdern zum Rotieren oder ins Schleudern bringen konnte. Bei der Arbeit in Treträdern kam es daher immer wieder zu schweren Unfällen.
Heute: lebhaft in Bewegung kommen, aus Angst, eine Sache nicht (rechtzeitig) bewältigen zu können. Sich – im übertragenen Sinn – um die eigene Achse drehen.

Berufe im Hafen. Kranknechte in Treträdern und ihre Kollegen draußen am Schwenkarm des Krans waren hoch bezahlte Arbeitskräfte, denn sie versahen eine wichtige aber auch gefahrvolle Tätigkeit (sie konnten ins Schleudern geraten, die stark beanspruchten Seile konnten reißen, sie hatten dafür Sorge zu tragen, dass das Gut unbeschädigt ver- oder entladen wurde). Außer den Kranknechten gab es noch zahlreiche andere Berufsgruppen im Hafenbetrieb. Zu ihnen gehörten Packer, Sackträger, Stangenträger (das Gut wurde auf zwei Stangen getragen), Karrenschieber, Zöllner, (Hafen-)Gebühreneinnehmer, Männer an der Waage, Prahmführer, Reepschläger und Segelmacher. Auf den Werften arbeiteten Zimmerleute, Schmiede und Feinschmiede (sie fertigten Anker, Ruderösen, Nieten, Beschläge etc.), Teersieder, Takler, Maler und andere. Tagelöhner erledigten schwere und grobe Arbeiten, die keine der Berufsgruppen übernehmen wollten, zum Beispiel das Bewegen schwerer Feldsteine beim Bau von Hafenanlagen.

Liegezeiten. Aufgrund der Platzknappheit wurden die Liegezeiten an den Kais aufs Nötigste beschränkt. Trotzdem war der Hafenaufenthalt, für heutige Verhältnisse, unfassbar lang. Von der Ankunft einer Kogge bis zu ihrer erneuten Abfahrt vergingen nicht selten zwei bis drei Wochen, während derer das Schiff die meiste Zeit auf Reede gelegen haben dürfte.

Hafenmanöver. Wie legte eine Kogge an und wie kam sie aus dem Hafen wieder heraus? Dass die Schiffe segelnd einliefen und in einem übervollen Hafen (Lübeck notierte für die Saison 1368 nicht weniger als 680 Schiffsankünfte) mit Schwung in die richtige Position an der Anlegestelle glitten, erscheint unwahrscheinlich, zumal sie voll beladen einen enormen Bremsweg hatten. Da es sich bei einer Kogge um ein hochbordiges Frachtschiff handelte, konnte es jedoch auch nicht gerudert werden. Fachleute gehen davon aus, dass die Koggen von kleineren Ruderbooten in Schlepp genommen und so in den Hafen gezogen wurden. Auf diese Weise gelangten sie auch von ihren Reedeplätzen an die Piers und wieder zurück. An der Entladestelle bugsierten die Seeleute das schwerfällige Schiff dann mit langen Stangen an die endgültig richtige Stelle. An der Steinkistenmole in Rostock entdeckten Archäologen Hinweise darauf, dass in regelmäßigen Abständen Winden angebracht waren, die die Schiffe in den Hafen zogen.

Navigation – Ohne Karte und Kompass

Landmarken. Ein Steuermann, der um 1400 auf Nord- oder Ostsee unterwegs war, hielt sich an genau festgelegte Kurse. Sie verliefen meist in Küstennähe, da man sich dort an sogenannten *Landmarken* orientieren konnte. Dies waren einerseits natürliche Auffälligkeiten wie Buchten, Landspitzen, Klippen, Dünen, Flussmündungen, Hügelformationen oder auch charakteristische Baumgruppen. Andererseits richteten die Navigatoren sich auch nach von Menschenhand erschaffenen Sichtzeichen. Dazu gehörten Kirchtürme genauso wie der Wehrturm auf Neuwerk oder die turmartige Festung Ritzebüttel, eine ehemalige ostfriesische Häuptlingsburg. Ausgespäht wurde mit dem bloßen Auge, das Fernrohr erfand ein holländischer Brillenmacher erst im Jahr 1608.

Unter Navigation versteht man die Kunst, einen sicheren Kurs von einem Ort zum anderen zu finden. Sie beinhaltet:

- Ermitteln der eigenen Position – *»Wo bin ich?«*
- Überlegen, welches der beste Weg zum Bestimmungsort ist – *»Wie komme ich zum Ziel?«*
- Einschlagen und Einhalten des ausgesuchten Weges – *»Auf dem Kurs bleiben.«*

Die beeindruckenden Kirchen der neu gegründeten Städte an der Ostsee mit ihren häufig mehr als einhundert Meter hohen Türmen zeugen nicht nur vom Reichtum der Hanse, sondern lieferten einem Ausguck im Mastkorb auch nützliche Anhaltspunkte. Die Kirchtürme auf den nord- und ostfriesischen Inseln nehmen sich etwas bescheidener aus, boten in der einförmigen Küstenlandschaft des Wattenmeers aber ebenfalls wichtige Hinweise zur Orientierung.

- Auf der nordfriesischen Insel Pellworm steht die Ruine eines ehemals mit der Alten Kirche verbundenen Backsteinturms. Mit seinen 50 Metern Höhe bot der Turm circa ab dem Jahr 1200 allen Nordseefahrern eine zuverlässige Landmarke. Am 5. April 1611 zwischen sechs und sieben Uhr morgens stürzte seine obere Hälfte ohne erkennbare Gründe ein. Doch selbst die verbliebenen 26 Meter bieten noch heute einen eindrucksvollen Anblick.
- Keitumer Kirche auf Sylt, fertiggestellt 1216;
- Sankt Johannis (Friesendom) in Niblum auf Föhr, im 13. Jahrhundert erbaut.
- Die Kirche von Rungholt konnte den Likedeelern um Störtebeker leider keinen Anhaltspunkt mehr bie-

Der eingestürzte Turm an der Alten Kirche auf Pellworm

Historische Karte der Elbmündung von Samuel Gottlieb Zimmermann und Otto Hansenbanck aus dem Jahre 1721.

ten, die *Grote Mandränke* (»Große Manntränke«) von 1362 hatte sie bereits fortgespült.

▸ An der Außenweser konnten sich zumindest die letzten Likedeeler nach dem sogenannten Ochsenturm richten. Der gut erhaltene Turm wurde 1413 an die bereits 1218 errichtete (und 1895 wieder abgerissene) Bartholomäuskirche in Imsum angebaut.

In Nordfriesland erzählt man sich, dass bei ruhiger See die Glockentöne der Rungholdter Kirche aus dem Wasser heraus klingen.

Den Turm auf der im Mündungsgebiet der Elbe gelegenen Insel Neuwerk errichtete die Hansestadt Hamburg von 1300 bis 1310 als Wehranlage. Ob das gewaltige Gebäude von vorneherein auch als Sichtzeichen geplant war, ist nicht bekannt. Auf jeden Fall kann der 28 Meter hohe Bau von See aus nach wie vor gut als Marke für die Einfahrt in die – im Vergleich zur 15 Kilometer breiten Mündung – relativ schmale Elbrinne genutzt werden. Eine Leuchte existiert auf dem Turm erst seit 1814.

Von Neuwerk aus kontrollierten Hamburger Söldner die Einfahrt in die Elbe. In dem wuchtigen Wehrturm wurden circa 10 000 Tonnen Holz und Ziegelsteine verbaut.

Weitere Tagessichtzeichen. Mancherorts standen den Kogge-Fahrern Tonnen oder Kapen (heute *Baken* genannt) zur Verfügung.

▸ Tonnen bestanden aus schwimmenden, schwarz geteerten Eichenfässern oder kegelförmigen hohlen Holzkörpern, die mit Ketten an einem schweren Stein auf dem Grund verankert waren und dadurch einigermaßen auf Position gehalten wurden. In der Regel zeigten sie gefährlich nah unter der Wasseroberfläche liegende Felsen oder Sandbänke an. Fahrrinnen in die Häfen wurden auch durch auf Eichenpfähle gesetzte Tonnen gekennzeichnet.

▸ Turmartige Holzbalkengerüste, sogenannte *Kapen*, kamen auf Nord- und Ostsee zu Beginn des 13. Jahrhunderts in Gebrauch. Schon 1226 kennzeichnete solch ein Seezeichen die Einfahrt in die Trave nach Lübeck. Um die gleiche Zeit sorgte die Hanse dafür, dass auf Falsterbo eine Kape errichtet wurde. Von dieser, vor der südwestlichen Spitze der skandinavischen Halbinsel gelegenen Insel, holten die deutschen Kaufleute den begehrten schonischen Salzhering, der auch für Piraten eine lohnenswerte Beute darstellte.

Nachtsprung. Nachts führten die Likedeeler relativ selten Überfälle durch, was hauptsächlich daran lag, dass Hanseschiffer fast ausschließlich tagsüber unterwegs waren. Die Landmarken, nach denen die Seeleute sich richteten, funktionierten nur als Tagesmarken, die in der Nacht keinerlei Orientierung boten. Schiffsführer des Mittelalters segelten nur dann im Dunkeln, wenn es sich gar nicht vermeiden ließ oder einen unverhältnismäßig langen Umweg bedeutet hätte. So waren zum Beispiel die Überquerung des Skagerraks oder die Strecke Gotland–Kurland (Riga) typische Nachtrouten. Navigiert wurde nach dem Polarstern, weshalb diese Fahrten nur in sternenklaren Nächten gewagt wurden. Mit Hilfe des *Nordsterns*, wie man ihn damals nannte, die Richtung einzuhalten, war relativ einfach: Das Schiff musste lediglich während der gesamten Fahrt im selben Winkel zum leuchtenden Wegweiser am Himmel gesteuert werden. Entscheidend für das Gelingen der Fahrt war, weder zu früh noch zu spät die Zielküste zu erreichen. Traf das Schiff zu früh ein, lief es Gefahr, in der Dunkelheit auf die Küste oder ihr vorgelagerte Untiefen aufzulaufen. Kam es so spät, dass der Polarstern schon verblasst war, bevor sich etwas von der gegenüberliegenden Küste zeigte, verlor der Steuermann leicht die Richtung.

»Etwas läuft aus dem Kurs«
Ursprünglich: Das Schiff fährt nicht dorthin, wohin es gesteuert wird. Heute: Eine Sache gerät außer Kontrolle.

Leuchtfeuer an der Ostseeküste. Bereits seit dem 11. Jahrhundert gibt es Hinweise auf Leuchtfeuer an der Ostseeküste. So wird zum Beispiel vor der Insel Wollin an der östlichen Einfahrt zum Stettiner Haff ein befeuerter Topf erwähnt.
Im vor Rostock liegenden Warnemünde hat es spätestens ab dem Jahr 1283 eine Leuchte für die Schifffahrt gegeben. Sie bestand vermutlich aus einer kupfernen Laterne mit Kerzenlicht, die mit einer Kette an einem Holzgerüst befestigt war. Ab 1348/49 wurde zur Markierung der Hafeneinfahrt ein Feuerturm betrieben.

In einer Urkunde von 1306 versprach der Abt des Klosters der Insel Hiddensee dem Rat der Stadt Stralsund, »auf ewig« eine Leuchte zu versorgen.
Aus Abrechnungen weiß man, dass ab 1316 in Travemünde ein Leuchtturmwärter *(Custos Lucerne)* beschäftigt wurde.
Während der Jahre 1375 bis 1379 sind Renovierungsarbeiten am Wehrturm auf Neuwerk belegt, die vermutlich aufgrund eines Brandes ausgeführt werden mussten. Ob dieser durch eine Befeuerung als Leuchtzeichen ausgebrochen war, ist nicht bekannt.

Der Ochsenturm in Imsum.

Siegel der Hansestadt Danzig mit dem Polarstern.

»Des Teufels Mörteltropfen« Römischer Leuchtturm und die Church of St. Mary in Castro, Dover.

Beweise für eine Feuerblüse auf dem Dach des Turms gibt es erst ab 1644. Falls Störtebekers Schiffe die flandrische Küste entlang und an der engsten Stelle des Ärmelkanals hinüber nach England fuhren, konnten sie den Turm zu Dover sehen. Der *Devil's Drop of Mortar* – »Des Teufels Mörteltropfen« – wie die Einheimischen ihn nennen, ist der übrig gebliebene von zwei Leuchttürmen, welche die Römer bereits im Jahr 50 n. Chr. zu beiden Seiten der damaligen Flussmündung errichtet hatten. Im Kapergebiet der Likedeeler ist er wahrscheinlich das älteste heute noch existierende Seezeichen.

Die mit dem Betreiben und der Wartung von Leuchtzeichen beauftragten Männer hießen *Feuerknechte*.

Je nach Bedarf und Möglichkeiten gab es mehrere Arten von Leuchtfeuern:

- Türme oder Balkengerüste, auf denen offene Feuerkörbe installiert waren, wurden *Feuerblüsen* genannt.
- Die Technik der sogenannten *Wippfeuer* funktionierte wie bei den damals gängigen Ziehbrunnen: Ein mit harzigem oder in Pech getränktem brennendem Holz gefüllter Eisenkorb wurde an das eine Ende eines langen Balkens gehängt und in die Höhe gezogen.
- *Laternen* waren mit Kerzen oder Öllampen bestückte Glaskörper (ab dem 13. Jahrhundert), die an steinernen Türmen, hölzernen Gestellen oder an schlichten Eisenrohren hingen. *Ziehlaternen* wurden wie eine Flagge an einem Mast gesetzt. Wie die Wippfeuer hatten sie den Vorteil, dass sie am Boden befüllt und entzündet werden konnten.

Laternen hatten zwar eine geringere Leuchtkraft als offenes Feuer, waren dafür aber auch bei Wind und Regen einsetzbar.

Ohne Karte kein Kompass. Der Navigator musste sämtliche Sichtzeichen kennen. Er wusste, wovor sie warnten und in welcher Entfernung und Tiefe sich die jeweilige Gefahr befand. Außerdem waren ihm alle schützenden Ankerplätze entlang der Küste bekannt, damit er das Schiff bei einem aufkommenden Sturm zügig in Sicherheit bringen konnte. Darüber hinaus hatte der Steuermann einen Überblick über sämtliche Untiefen in seinem Fahrtgebiet, die nicht durch eine Landmarke gekennzeichnet waren. Karten, von denen er die unzähligen Daten hätte abrufen können, die er benötigte, um das Schiff sicher ans Ziel zu bringen, gab es nicht. Dies ist auch der Grund, weshalb der durchaus schon bekannte – und im Mittelmeerraum bereits genutzte – Kompass sich auf der *Westsee* (heute Nordsee) und dem *Baltischen Meer* (heute Ostsee) lange Zeit nicht durchsetzen konnte.
Die hansichen Seefahrer des 14. Jahrhunderts verließen sich stattdessen lieber auf ihre eigenen Sinne. Sie achteten auf unterschiedliche Windrichtungen und Strömungen sowie auf Brandungsgeräusche. Aber auch Gerüche, die Flugrichtung der Vögel oder der Zug der Wale wurden aufmerksam wahrgenommen.

Segelanweisungen. Als sehr viel hilfreicher dagegen empfanden die mittelalterlichen Seeleute die sogenannten *Segelanweisungen*. Hierbei handelte es sich um mündlich weitergegebene Informationen über die

Besonderheiten der verschiedenen Seegebiete. Sie beschrieben Küstenlinien, Flussmündungen und Landmarken so, wie man sie von See aus sah, und enthielten Hinweise auf gefahrvolle Flachwasser oder unterseeische Riffe inklusive ihrer Lotungstiefen. Da man auf See zurückgelegte Entfernungen noch nicht messen konnte, wurden sie in *weeke sees*, einer Zeiteinheit angegeben. Die Strecke, die eine Kogge üblicherweise in einer *weeke see* zurücklegte, betrug umgerechnet vier heutige Seemeilen. Die Zeitabschnitte wurden mittels einer Sanduhr festgestellt, die vermutlich meist am Schiffsmast hing.
Erst ab der zweiten Hälfte des 15. Jahrhunderts wurden die einzelnen Segelanweisungen schriftlich in *Seebüchern* zusammengefasst. Das älteste Seebuch in (nieder-)deutscher Sprache wurde ca. 1470 erstellt, umfasst 72 Seiten und enthält Angaben von der Atlantikküste bis zum Baltikum. Es befindet sich in der *Commerzbibliothek* der Hamburger Handelskammer.

Das Pseudonym Mark Twain bedeutet wörtlich übersetzt *Zweite Mark*e und bezeichnet eine Tiefe von zwei Faden (3,65 Meter). Mit der Wahl dieses Künstlernamens zeigte der amerikanische Schriftsteller Samuel Langhorne Clemens (1835–1910) zum einen seine Verbundenheit zur Mississippi-Schifffahrt (er war ausgebildeter Lotse), zum anderen nahm er sich selbst aufs Korn, indem er andeutete, seine Werke hätten nicht besonders viel Tiefgang.

Loten. Die Navigationsmethode, die auf der Nord- und Ostsee der Hansezeit am ausgiebigsten genutzt wurde, war Loten. Genau wie heute das Echolot, diente es dazu, die Wassertiefe zu bestimmen. Die Männer auf den Koggen arbeiteten mit einem Handlot – ein an einer Leine befestigter Kegel aus Blei (Lotgewicht), der bei Bedarf ins Wasser geworfen wurde. Anhand der in bestimmten Abständen in die Lotleine eingeflochtenen Marken ermittelten die Seeleute, wie weit unter ihnen sich der Grund befand.
Durch Loten wurde nicht nur verhindert, dass ein Schiff auf Grund lief, es konnte darüber hinaus auch eine Ortsbestimmung durchgeführt werden. Dabei half nicht nur die (auf der Nordsee gezeitenabhängig!) festgestellte Wassertiefe, sondern auch die Beschaffenheit des Meeresbodens. Um diese zu ermitteln, wurde die Aushöhlung auf der Unterseite des Senkbleis mit *Lotspeise* (Talg oder Wachs) ausgestrichen, in die sich Bodenpartikel wie Sand, kleine Steine, Muschelstückchen usw. eindrückten. Da nur in geringen Wassertiefen gelotet werden konnte, war dieses Verfahren für die Küstenfahrer der Hanserouten ideal, auch wenn sie dafür von ihren Kollegen aus dem Mittelmeerraum eher Spott ernteten. Über die Ostsee notierte der Venezianer Fra Mauro 1458 auf seiner »Seekarte der Weltmeere«: *»Auf diesem Meer navigiert man weder mit der Seekarte noch mit dem Kompass, sondern mit dem Lot.«*

»Etwas ausloten«
Etwas prüfen; vorsichtig ein unbekanntes Gebiet erkunden (im übertragenen Sinn). (Die Redewendung »Es ist alles im Lot« stammt aus dem Bauwesen und bedeutet: Es ist alles in Ordnung.)

Lote waren wichtige Instrumente zum Feststellen der Wassertiefe.

Nordsee – Gefahrvolles Meer

Watt, Gezeiten und sich verändernde Küsten. Auf der Nordsee gab es – und gibt es nach wie vor – einige navigatorische Besonderheiten zu beachten:

▸ Das im Mittelalter als *Westsee* bezeichnete Region ist ein Flachwassermeer mit ausgedehnten Wattflächen. Ebbe und Flut sind hier viel stärker ausgeprägt als auf dem *Baltischen Meer* – wie die Ostsee auch heute noch genannt wird –, das fast vollständig vom Atlantischen Ozean abgeschottet ist. Darüber hinaus liegen in der Nordsee unzählige sich ständig verlagernde Sandbänke, die das Navigieren eines Schiffes erheblich erschweren. Bei Niedrigwasser ist höchste Aufmerksamkeit geboten, zumal die natürlichen Wasserläufe im Wattengebiet (Priele), die zum Teil als Fahrrinnen genutzt werden können, ebenfalls ständig ihre Position wechseln.

▸ Mit der Gezeitenänderung entstehen starke Strömungen, die berücksichtigt werden müssen.

▸ Einförmige flache Küstensäume machen das Navigieren schwierig, da charakteristische Landschaftsmerkmale fehlen. Hat ein Schiffer sich gerade die Silhouetten der friesischen Inseln eingeprägt, haben diese sich durch heftige Sturmfluten, die regelmäßig ganze Küstenbereiche abbrechen lassen, auch schon wieder verändert.

Pricken kennzeichnen auch heute noch die Fahrwasser im Wattenmeer.

Junge Bäume als Seezeichen. Fahrwasser durch sogenannte *Pricken* zu kennzeichnen, ist eine einfache Lösung für ein stets wiederkehrendes Problem. Da die Priele ihre Lage im Watt häufig verändern, ist es sinnlos, sie mit feststehenden Seezeichen wie Baken zu versehen. Deshalb werden in den Wattgebieten die Fahrrinnen »ausgeprickt«, d.h. mit schlanken jungen Birken oder Stangen mit Zweigbüscheln versehen, die man einfach in den Boden steckt.

Jahrhundertsturmflut. In jedem Winterhalbjahr wird die Nordsee von Sturmfluten heimgesucht. Einige dieser Naturgewalten haben das Gesicht der Küste über die Jahrhunderte hinweg maßgeblich verändert. Mitte des 14. Jahrhunderts sah das Gebiet der Nordfriesischen Inseln völlig anders aus als heute. 1362 unterspülte eine Jahrhundertsturmflut große Teile der ursprünglichen Marschflächen und vernichtete nicht nur ganze Landstriche (u. a. das sagenumwobene Rungholt), sondern auch das Leben von geschätzt 100 000 Menschen. Diese Dimension übertraf alles, was man sich bis dahin hatte vorstellen können.

Kartenauszug aus: Johannes Mejer, 1652

Die veränderte ostfriesische Küste nach der »Groten Mandränke« von 1362.

Der Alte Leuchtturm auf Borkum ist einer der ältesten an der Nordseeküste.

Während andere Fluten, die ebenfalls Tausenden den Tod gebracht hatten, nach dem Zeitpunkt ihres Auftretens schlicht *Julianenflut* oder *Novemberflut* genannt wurden, bekam das Ereignis vom Januar 1362 zusätzlich zu seiner offiziellen Bezeichnung *Zweite Marcellusflut* einen Namen, der das ganze Ausmaß seiner Zerstörungskraft aufzeigt: *Grote Mandränke* (»Große Manntränke«).

Leuchtfeuerwesen an der Nordseeküste. Die Entwicklung des Leuchtfeuerwesens ging ein paar Jahrhunderte lang an der deutschen Nordseeküste vorbei. Dort wurden erst in der ersten Hälfte des 17. Jahrhunderts Feuertürme in Betrieb genommen. Dies hängt zum einen damit zusammen, dass die Schifffahrtsrouten entweder hinter den Nord- und Ostfriesischen Inseln im Wattengebiet entlangführten *(binnen duinen)*, wo die Fahrrinnen ausgepricktwaren, oder sehr weit davor *(buten duinen)*, und dort wäre der Schein von Leuchtfeuern nicht mehr auszumachen gewesen.
Zum anderen war ein sicheres Leiten der Schiffe durch feststehende Leuchtfeuer nicht für jedermann erstrebenswert. So hatte zum Beispiel manch ein ostfriesischer Häuptling oder anderer Strandrechtsinhaber keinerlei Interesse daran, seine zusätzlichen Einnahmen durch auf seinem Gebiet gestrandete Schiffe aufzugeben.

Ebbe und Flut. Dass die Gezeiten mit dem Mond zusammenhängen, der sich um die Erde bewegt, wurde im Mittelalter schon vermutet. Da allerdings noch nichts von seiner Anziehungskraft bekannt war, glaubte man, dass die »Hitze« des Mondes die Ozeane zweimal täglich so stark erwärmte, dass deren Wasser sich ausdehnte und so die Flut bildete.

Untiefe. Das Wort *Untiefe* klingt nach einer Stelle, die unheimlich tief ist. Die Schifffahrt bezeichnet als Untiefe aber einen Bereich, der sehr dicht unter der Wasseroberfläche liegt und deshalb eine Gefahr darstellt.
Allgemein allerdings kann Untiefe eine Stelle in einem Gewässer meinen, die entweder besonders flach oder besonders tief ist.
Bei ganz knapp unter der Wasseroberfläche liegenden Sandbänken schäumt das Meer darüber, als ob es kocht. Solche Stellen sind tagsüber mit dem bloßen Auge gut zu erkennen.

»Ein Hindernis umschiffen«
Heute bedeutet diese aus Hansezeiten stammende Redensart: einem Problem aus dem Weg gehen.

Ursprung des Namens *Nordsee*. Es ist ein Rätsel, wie aus der mittelalterlichen *Westsee* die heutige *Nordsee* wurde und warum beide Bezeichnungen die *See* und nicht das *Meer* in ihren Namen tragen, obwohl es sich um Meere handelt (gleiches gilt für die Ostsee). Eine Erklärung hierfür liegt darin, dass das Ijsselmeer ursprünglich viel größer war und für die heute zu den Niederlanden gehörenden Westfriesen die *Zuiderzee*, südlich ihres Siedlungsgebietes bildete. Im Gegensatz dazu stand die Nordsee, die sich nördlich von ihnen befand. Das Wort *Zee* ist friesischen Ursprungs und bedeutet sowohl im Niederländischen als auch im Niederdeutschen *Meer*.

Schiffbruch – Von Monsterwellen und Seeungeheuern

Gefährliche Küstennähe. Koggen fuhren in der Regel nah an der Küste, um sich an charakteristischen Landmarken orientieren zu können. Dies barg jedoch nicht selten die Gefahr, auf flach unter der Wasseroberfläche liegende Felsen oder Sandbänke aufzulaufen. Auch konnten schon kleinste Navigationsfehler zu den größten Unglücken führen. Bei Sturm wurden schützende Buchten oder Flussmündungen nicht immer rechtzeitig erreicht, was häufig dazu führte, dass das Schiff aufs Land geworfen wurde. Handelte es sich dabei nicht gerade um eine Steilküste, hatte die Besatzung allerdings Chancen, die Havarie möglichst unbeschadet zu überstehen und Teile der Ladung zu bergen.

»Mast- und Schotbruch!«
Die beiden wichtigsten Taue auf einer Kogge waren die Schoten. Mit ihnen wurde die Rah mit dem schweren Segel oben am Mast gehalten. Mast- und Schotbruch war die schlimmstmögliche Situation, die einem auf See passieren konnte. Heute ist die Redewendung ironisch gemeint und bedeutet: »Viel Glück!«

Gegenmaßnahmen bei Havarie. Auf See besaßen die Likedeeler in Gefahrensituationen nur begrenzte Möglichkeiten, sich zu helfen:

- War ein Schiff leckgeschlagen, bestand die allererste Maßnahme darin, das Loch mit einem Stück Segeltuch zu überspannen. Danach musste es schnellstmöglich mit Brettern vernagelt und anschließend mit Tierhaaren oder Pflanzenfasern abgedichtet werden. Gleichzeitig wurde eingedrungenes Wasser abgepumpt.
- Notfalls wurden das Segel, Taue, Ankertaue oder sogar der Mast gekappt.
- Erschien ein Verlust des Schiffes unvermeidlich, ließ die Mannschaft ihr Fahrzeug in einem der gefährlichsten Manöver nach Möglichkeit absichtlich auf einen nahegelegenen flachen Strand auflaufen, um wenigstens das eigene Leben zu retten.

Strandrecht und Strandraub. Jahrhundertelang existierte noch eine weitere Form der Piraterie, und um sie auszuüben, musste man das sichere Land nicht einmal verlassen. Offiziell galt an den deutschen Küsten das *Strandrecht*, wonach alles, was durch Sturm und Schiffbruch angeschwemmt wurde, dem jeweiligen Landesherrn gehörte. Da er oder seine Stellvertreter von den Schiffsunglücken jedoch meistens gar nichts mitbekamen, blieb es den Küstenbewohnern überlassen, die Handelsfahrer auszuschlach-

Historische Darstellung eines Meeresmonsters.

©Diedier Descouens (oben), M. Violante (unten)

Beispiele für die »Teufelsfische Jenny Haniver«.

ten. Besonders auf den Nordseeinseln wurde ausgiebig von dem »Recht« Gebrauch gemacht. Dazu gehörten oftmals auch die Schiffbrüchigen selbst, die als Geiseln zusätzliche Einkünfte brachten.
Da Strandraub ein einträgliches Geschäft war, wurde ihm auch gerne ein bisschen nachgeholfen. Um Schiffe fehlzuleiten, entzündete man an Land Irrfeuer. Die Steuerleute der Koggen interpretierten daraufhin diese »Navigationshinweise« falsch und liefen unweigerlich auf.

Nasses Grab. Die Deutsche Bucht ist einer der größten Schiffsfriedhöfe der Welt. Seit der Pirat Störtebeker dieses außerordentlich tückische Gewässer befuhr, gingen dort Tausende von Wasserfahrzeugen unter. Allein im nordfriesischen Wattengebiet zwischen Eiderstedt und Sylt wurden bis heute mehr als 500 Schiffswracks geortet. Sicherlich lief auch so manche Seeräuberkogge in der Deutschen Bucht versehentlich auf Grund oder versank während eines Herbststurms auf Nimmerwiedersehen.

Monsterwellen, auch R*iesenwellen* oder *Kaventsmänner* genannt, wurden lange Zeit als »Seemannsgarn« abgetan. Erst neuere Messungen – die früheste 1995, von einer Ölplattform in der Nordsee aus – beweisen, dass es diese bis zu 30 Meter hohen Wellen tatsächlich gibt. Sie treten entweder einzeln oder in drei schnell aufeinanderfolgenden Wellen in Erscheinung. Durch ihre relativ kurze Länge und große Geschwindigkeit taucht eine Monsterwelle wie eine steile Wand plötzlich und ohne Vorwarnung vor dem Schiff auf. Die Chance, eine solche Riesenwelle unbeschadet zu überfahren, ist relativ gering. Wird ein Schiff seitlich getroffen, überrollt die Wasserwand es regelrecht und begräbt es unter sich. Zahlreiche ungeklärte Schiffsuntergänge werden heute Monsterwellen zugeschrieben. In flacheren Küstengebieten bilden sich die Riesenwellen dann innerhalb kurzer Zeit zurück.

»Meeresmonster«. Seeungeheuer, die so groß sind, dass sie Schiffbrüche verursachen können, wurden über Jahrhunderte ebenfalls dem Reich der seemännischen Fantasie zugeschrieben. Heutzutage ist bekannt, dass einige der Ungetüme zwar vielleicht nicht ganz so riesig waren wie beschrieben, aber doch größer als bis noch vor Kurzem angenommen. So besitzen zum Beispiel Riesenkalmare eine »ungeheure« Dehnfähigkeit ihrer Arme, wodurch sie eine Gesamtlänge von bis zu 18 Metern erreichen können. Eines der weltweit größten bekannten Vorkommen dieser Tiere befindet sich vor der Küste Norwegens, es ist also nicht ausgeschlossen, dass auch Störtebeker und seine Männer einem dieser Meeresmonster begegnet sind. Von ihm in die Tiefe gerissen wurden sie höchstwahrscheinlich aber nicht.

Jenny Hanivers, auch *Teufelsfische* genannt, wurden aus getrockneten Rochen geschnitzt. Die Hauptmotive dieser skurrilen Figuren waren Teufelsgestalten, Seeungeheuer und andere Fabelwesen. Ihre erste Erwähnung finden die Jenny Hanivers im Jahr 1558 in der »Historia Animalium, Band 4« des deutschen Naturforschers Conrad Gesner (1516–1565). Wahrscheinlich ist auch die Fabelgestalt des *Seebischofs* ein Jenny Haniver.

Die Kleine Meerjungfrau in Kopenhagen, Dänemark. Meerjungfrauen tragen seit Jahrtausenden das Image, Seeleute durch ihren unwiderstehlich betörenden Gesang in die Tiefe zu locken.

Verfolgung und Gefangennahme – Eine »Bunte Kuh« auf Kopfgeldjagd

Pfundzoll. Aktionen gegen Piraten, genau wie kriegerische Auseinandersetzungen generell, finanzierten die Hansestädte durch die Erhebung eines *Pfundzolls*. Diese Steuer bezog sich auf den Wert der verschifften Ware und nicht, wie der Name vermuten lässt, auf dessen Gewicht. Der Begriff hat seinen Ursprung im Gewicht von 240 einzelnen Pfennigen. Die Höhe der Abgabe lag häufig bei 1/240 des Warenwertes, das heißt, von jedem Pfund, das die Fracht wert war, musste ein Pfennig abgeführt werden.

Freedekoggen. Während der Hansezeit gab es auf der Nord- und Ostsee noch keine reinen Kriegsschiffe, diese kamen erst im 16. Jahrhundert auf. Um 1400 stattete man im Bedarfsfall größere Handelsschiffe mit Waffen und Söldnern aus und schickte sie zur »Befriedung der See« auf gezielte Missionen. Um eine Freedekogge (»Friede«-Kogge) wehrfähiger zu machen, erhielt sie zwei zusätzliche Kampfplattformen, am Bug das Vorderkastell und oben am Mast ein Topkastell. Anfangs bestand Letzteres aus einer einfachen Holzplattform, von der aus Bogen- und Armbrustschützen agierten. Später entwickelte sich hieraus der Mastkorb. Freedekoggen wurden, je nach Größe, mit fünfzig bis siebzig – teilweise sogar noch mehr – Söldnern bemannt. Ihr Einsatz sollte einen ungehinderten Warentransport ermöglichen und dabei helfen *»Aufruhr und Hinterlist von frevelhaften Seeräubern«* zu vermeiden.

Eintonnen. Bezüglich der Gefangennahme von Vitalienbrüdern ist eine Anekdote verbreitet, nach der im Jahr 1391 ein Überfall der Piraten danebenging und mehr als einhundert von ihnen gefangen genommen wurden. Da an Bord der siegreichen hansischen Kogge weder genug Platz, geschweige denn ausreichend Ketten, Fußfesseln o.ä. vorhanden waren, entschloss man sich, die zum Teil aus leeren Fässern bestehende Fracht dazu zu benutzen, die Gefangenen bewegungsunfähig zu machen. So trafen die Vitalienbrüder, in jeweils einer Tonne steckend, mit dem Kopf aus einem Loch im Deckel schauend, in Stralsund ein. Dort blieben sie aufgestapelt am Hafen liegen, bis ihnen am nächsten Tag der Kopf abgeschlagen wurde. Diese etwas eigenwillige Art, Gefangene zu behandeln, hatten die hansischen Schiffer angeblich den Vitalienbrüdern selbst abgeschaut, nichtsdestotrotz ist die Aktion bis heute als *Stralsunder Verfahren* bekannt.

»Mann inne Tünn!«
Dieser nach wie vor in Norddeutschland häufig gebrauchte Ausdruck zeigt großes Erstaunen, in der Regel bezogen auf eine Sache, die man bewundert oder der man Bedeutung beimisst. Der Anblick eines »Mannes in der Tonne«, zumal eines Piraten, war zu keiner Zeit etwas Alltägliches.

Kopfgeldjagd. Die See von Piraten frei zu halten, war eines der größten Anliegen aller Hansestädte. Für Hamburg ist belegt, dass die Stadt im Jahr 1355 von Kaiser Karl IV. das Privileg erhalten hatte, Seeraub eigenmächtig und gnadenlos zu verfolgen. Auf den Hansetagen wurde das Piratenproblem ständig aufs Neue diskutiert. Es wurde besprochen, welche Hansestadt wie viele Freedekoggen, welche Bewaffnung, wie viele Söldner usw. stellen sollte. Da die Vertreter der Hansestädte zumeist Ratsherren und Kaufleute in Personalunion waren, taten sie sich mit der Umsetzung der kriegerischen Maßnahmen äußerst schwer. Zumal mindestens einer von ihnen das Unternehmen auf See leiten musste und dadurch für mehrere Wochen von seinen Geschäften ferngehalten wurde, was natürlich mit finanziellen Einbußen verbunden war. Im Jahr 1385 war die Hanse die Verhandlungen über Einzelheiten der Finanzierung und Umsetzung der Seeräuberbekämpfung offenbar leid, denn sie beauftragte erstmals eine einzelne Person damit, die See zu befrieden. Wulf Wulflam, der Sohn des Stralsunder Bürgermeisters, unterzeichnete einen Vertrag, in dem er sich verpflichtete, eine Schifffahrtssaison lang auf der Ostsee zu bleiben und Piraten zu bekämpfen. Im Gegenzug dafür erhielt der erste norddeutsche Kopfgeldjäger zur See einen Pauschalbetrag von 5000 Sundischen Mark, eine große Kogge, eine Handvoll Schniggen und Schuten sowie einhundert Krieger, sechs Donnerbüchsen und zweiunddreißig Armbrüste mit entsprechender Munition. Von diesem Geld musste Wulflam die Söldner bezahlen und verköstigen, sie bei eventueller Gefangenschaft aus der Gewalt der Piraten freikaufen und entstandene Schäden an den Schiffen beheben. Allerdings wurde ihm in Aussicht gestellt, all jene Beute, die nicht als Eigentum eines bestimmten Kaufmanns identifiziert werden könne, zu behalten und auf eigenen Gewinn zu veräußern.

Das mittelalterliche Wulflamhaus in Stralsund.

Der bekannteste Piratenjäger der Hansezeit ist ohne Zweifel Simon van Utrecht. Van Utrecht stammte ursprünglich aus Haarlem in Holland und kam 1399 nach Hamburg. Dass er bereits

Denkmal für Simon van Utrecht in Hamburg-Neustadt.

ein Jahr später – ungewöhnlich früh – das Bürgerrecht erhielt, spricht dafür, dass auch der mutmaßliche Bezwinger Störtebekers gezielt angeworben und in die Hansestadt geholt worden war. Führungspersönlichkeiten mit Kampferfahrung auf See waren gesucht, und van Utrecht galt offenbar als jemand, der den Willen und das Können besaß, auf effektive Art und Weise Jagd auf Störtebeker und Konsorten zu machen. Außerdem verfügte er über beträchtliche Geldmittel: Für die Aktion gegen die Likedeeler finanzierte er ein Schiff vor, das er gemäß Abmachung behalten durfte und erstattet bekam.
Zweieinhalb Jahrzehnte später, 1426, wurde Simon van Utrecht Ratsmitglied der Hansestadt Hamburg, 1433 wählte der Hamburger Rat ihn zu seinem Ehrenbürgermeister. Im Jahr darauf befehligte er die Flotte, die den Vitalienbrüdern auf der Nordsee und in Ostfriesland endgültig den Garaus machte. Van Utrecht starb am 14. Oktober 1437 und fand seine letzte Ruhe in der Hamburger Kirche Sankt Nikolai. Die ursprüngliche Grabtafel wurde in der Mitte des 17. Jahrhunderts durch eine neue ersetzt und befindet sich heute im Hamburg Museum. An der Neustädter Kersten-Miles-Brücke in Hafennähe erinnert ein Denkmal an den berühmten Ehrenbürger der Stadt.

Zum kaiserlichen Privileg der Piratenjagd gehörte auch die Erlaubnis, Gefangene an Ort und Stelle hinrichten zu dürfen. Auf diese martialische Weise ersparte man sich den Transport und die Verköstigung der gefangenen Seeräuber und den Gerichten umfangreiche Prozesse. Klaus Störtebeker und Gödeke Michels jedoch waren so bekannt, dass sie zusammen mit ihren jeweiligen Kumpanen nach Hamburg gebracht wurden, um sie dort der Bevölkerung vorzuführen und ihnen mittels einer spektakulären öffentlichen Hinrichtung den Garaus zu machen.

Erster Erfolg gegen die Likedeeler. Nach ihrer Vertreibung aus der Ostsee durch den Deutschen Orden waren die Likedeeler bis zum Jahr 1399 auch auf der Nordsee verstärkt aktiv geworden, sodass auf einem Hansetag im Februar 1400 beschlossen wurde, elf Koggen plus vermutlich doppelt so viele kleinere Segler mit 950 Bewaffneten Männern für ihre Bekämpfung auszurüsten. Am 5. Mai desselben Jahres trafen die aus Hamburg kommenden Schiffe in der Osterems auf die Piraten. Der hansischen Flotte gelang es, 80 Likedeeler im Kampf zu töten und über Bord zu werfen. 36 Entflohene wurden im

»Die Einbringung des Gefangenen Klaus Störtebeker in Hamburg«. Holzstich von Carl Gehrts, 1877.

Laufe der nächsten Tage an Land gefasst. Sie hatten bei Haro Cirksena und anderen Ostfriesenhäuptlingen Unterschlupf gesucht. Aufgrund der gewaltigen militärischen Übermacht – einige Häuptlingsburgen waren kurzerhand geschliffen worden – sahen die friesischen Führungspersönlichkeiten sich gezwungen, die Likedeeler an die Piratenjäger der Hanse zu übergeben, die sie umgehend hinrichteten.

Obwohl dies nach einem größeren Erfolg klingt, rechtfertigte es nach damaligen Maßstäben jedoch nicht annähernd die immensen Kosten, die das Unternehmen verschlungen hatte. Schließlich waren etwa 300 Likedeeler immer noch auf freiem Fuß, unter anderem ihre wichtigsten Köpfe Gödeke Michels und Klaus Störtebeker.

Der Sieg über Störtebeker. Im Sommer des Jahres 1400 schickten die Hansestädte noch eine weitere Flotte auf Piratenjagd, und zwar zur Felseninsel Helgoland. Die Verantwortung für das Unternehmen trugen die Hamburger Ratsherren Herman Lange und Nikolaus Schoke, die jeweils eine Kogge befehligten. Der Angriff selbst stand unter der Leitung des Ratsherrn Nyenkerken und des erst kürzlich in Hamburg eingebürgerten jungen Holländers Simon van Utrecht. Die beiden Letztgenannten führten jeder eine mit 30 Kriegern besetzte Schnigge und starteten zusammen mit einigen weiteren Schiffen, zumeist ebenfalls Schniggen, einen nächtlichen Überraschungsangriff. Diese schnellen und gut manövrierbaren Segler, die auch gerudert werden konnten, waren für den geplanten Kampf ungleich besser geeignet als die schwerfälligen Koggen. Helgoland, das mit seinen steil abfallenden Felswänden auch damals schon einem uneinnehmbaren

Flugblatt zur Hinrichtung Störtebekers und Gödeke Michels auf dem Grasbrook. Gedruckt 1701 von Nicolaus Sauer in Hamburg.

Bollwerk glich, konnte nur von Süden her angegriffen werden. Dort bildete eine gebogene Felsenzunge einen natürlichen Hafen, in dem die Schiffe der Likedeeler vor der rauen See geschützt vor Anker lagen. Zweifelhaft ist, ob diese Schiffe den Hafen vor dem Eintreffen der Piratenjäger noch vollzählig verlassen konnten. Die Hamburger hatten ihre Aktion sorgfältig geplant und mit dem Angriff auf einen Wind aus Südost gewartet. Dieser ermöglichte ihnen ein zügiges Segeltempo und damit einen größeren Überraschungseffekt, während er andererseits die Piratenkoggen daran hinderte, die Bucht zu verlassen, da sie nicht gegen den Wind segeln konnten. Weil ihnen vermutlich keine Zeit dazu blieb, ihre Koggen mit kleineren Booten aus dem engen Naturhafen zu ziehen, dürfte Störtebekers Männern dessen Verlassen, wenn überhaupt, nur mit einigen Schniggen gelungen sein. Bei diesem Kampf wurden 40 Likedeeler getötet und 73 gefangen genommen. Unter Letzteren befanden sich auch die Hauptleute Henning Wichmann und Klaus Störtebeker.

Die Bunte Kuh. Nach seiner Gefangennahme soll Störtebeker auf einem Schiff mit dem Namen Bunte Kuh von Helgoland nach Hamburg verbracht worden sein. Dies ist gut möglich, da die Bunte Kuh nachweislich an der Schlacht beteiligt war, in dessen Verlauf der berühmte Seeräuber überwältigt wurde.
Allerdings war sie nicht das prächtig dargestellte dreimastige Schiff, wie es unter anderem von dem Gemälde Hans Bohrdts »Die Bunte Kuh von Flandern« aus dem Jahr 1900 bekannt ist. Solche Schiffe existierten um 1400 noch nicht. Sehr wahrscheinlich handelte es sich bei der Bunten Kuh nicht einmal um eine Kogge, die schriftlich festgehalte-

nen Baukosten lassen eher auf eine Schnigge schließen. Der Überlieferung nach soll das berühmte Schiff unter dem Kommando Simon van Utrechts gestanden haben. Unterlagen zeigen jedoch, dass es durch den Hamburger Ratsherrn Hermann Nyenkerken (vor-)finanziert worden war und von ihm selbst befehligt wurde. Van Utrecht hatte ebenfalls Geld für eine Schnigge vorgeschossen und mit dieser am Kampf teilgenommen. Der Name seines Schiffes ist nicht überliefert.

Der Sieg über Gödeke Michels. Im Jahr 1401 setzten die Hansestädte ihre Unternehmungen gegen die Piraten fort. Zwar hatten sie den vermeintlich größten Haudegen der Likedeeler, Klaus Störtebeker, erwischt und per Hinrichtung unschädlich gemacht, jedoch fehlte ihnen immer noch derjenige unter den Vitalienbrüdern, dem am ehesten zugetraut wurde, die versprengten Gruppen des Piratenbundes wieder zu einer bedeutenden Organisation zusammenzuführen. Gödeke Michels hatte sich im Vorjahr nach Norwegen abgesetzt und war nun an die deutsche Nordseeküste zurückgekehrt. Unmittelbar nachdem er dort mit seinen Männern eine mit Bier beladene Kogge gekapert hatte, brachten die erneut von Hamburger Ratsherren befehligten Piratenjäger seine Schiffe auf. Es begann eine wilde Verfolgungsjagd auf der Jade, an der auch Simon van Utrecht beteiligt war, und während der die Likedeeler versuchten, die von ihnen erbeutete Kogge zu erleichtern, indem sie eine große Anzahl der Bierfässer über Bord wuchteten. Trotz dieses Manövers waren aber letztendlich die hansischen Kämpfer erfolgreich und setzten insgesamt 80 Likedeeler unter der Führung von Gödeke Michels und Magister Wigbold fest.

Geheimaktionen und Spione. Unter den Likedeelern, zumindest aber unter der Bevölkerung der betroffenen Gebiete, verfügten die Ratsherren der Hanse über Spitzel und Spione; Menschen, die gezielt angeworben worden waren, um Informationen über die Aktionen der Piraten zu beschaffen und weiterzugeben. Da befürchtet wurde, dass auch die Vitalienbrüder mit Informationen aus den Hansestädten versorgt wurden, achtete man bei der Expedition nach Helgoland strengstens darauf, dass nur wenige Personen von dieser Geheimaktion Kenntnis hatten.

Außenposten Neuwerk. Das 1310 fertiggestellte *Niewark* (»Neues Werk«) diente anfangs dazu, das Strandrecht durchsetzen, welches Hamburg im Mündungsgebiet der Elbe besaß, sowie die umstrittenen Ansprüche der Stadt auf eine Vorherrschaft über die Unterelbe zu betonen. Später (etwa ab 1390) bestand die Hauptaufgabe des Wehrturms und seiner Besatzung darin, zu verhindern, dass Piraten das vermutlich erst seit dem Mittelalter vom Festland abgetrennte Eiland besetzten. Die Seeräuber hätten von dort aus nämlich einen besonders guten Zugriff auf die Schiffe gehabt, die die Elbmündung befuhren und zwingend an der Insel vorbei mussten. Um sich vor eventuellen Angreifern verschanzen zu können, lag der Zugang zum Turm ursprünglich in acht Metern Höhe. Die Besatzung erklomm ihn mithilfe einer Leiter, die sie im Falle eines Angriffs einfach einzog.

Hinrichtungen – Mitgefangen, nicht gehangen

Störtebekers Loch. Nachdem Klaus Störtebeker und seine Leute nach Hamburg verbracht worden waren, saßen sie im Keller des alten Rathauses ein, der seitdem auch *Störtebekers Loch* genannt wurde. Leider ist er heute nicht mehr vorhanden, da das Rathaus, zusammen mit weiten Teilen der Stadt, beim Großen Brand im Mai des Jahres 1842 komplett vernichtet wurde.

Bürgermeister Kersten Miles stand an der Spitze der Ratsherren, die Störtebeker und seine Männer verurteilten.

Tod vor der Hinrichtung. Auf eine Gerichtsverhandlung hatten die Likedeeler keinen Anspruch, da sie gemäß geltendem Recht auf frischer Tat gefasst worden waren. Zu damaliger Zeit wäre auch kaum jemand zu ihrer Verteidigung bereit gewesen, da Seeräuber als Gefahr für die Allgemeinheit angesehen wurden und kein Rechtsbeistand seinen guten Ruf für ein aussichtsloses Verfahren aufs Spiel gesetzt hätte. Zudem wird ihrer Hinrichtung aller Wahrscheinlichkeit nach Folter vorangegangen sein. Man war darauf erpicht, Informationen über noch flüchtige Likedeelergruppen zu erhalten, vor allem über Gödeke Michels und seine Männer. Möglicherweise überlebten einige der Piraten diese *Peinlichen Befragungen* (hergeleitet vom Begriff *Pein* = Qual, Schmerz) nicht, denn von den 73 bei Helgoland gefangenen Männern wurden nur 36 exekutiert. Vielleicht litt ein Teil der Eingekerkerten aber auch unter Verletzungen aus der Schlacht und fand durch Nichtbehandlung oder die unmenschlichen Bedingungen der Haft den Tod.

Exekution mit Volksfestcharakter. Es ist nicht verzeichnet, an welchem Tag genau die Hinrichtung vollzogen wurde, aber es war »nach Feliciani«,

also nach dem 20. Oktober 1400. Über Jahrhunderte hinweg fand in Hamburg am Felicianustag ein großer Jahrmarkt statt, und zu diesem Zeitpunkt hielten sich stets besonders viele Menschen, auch aus dem weiteren Umland, in der Stadt auf. Es ist nicht unwahrscheinlich, dass Störtebeker und seine Männer gleich am auf den Markt folgenden Tag exekutiert wurden, da die Obrigkeit auf diese Weise den Umstand nutzen konnte, mit dem abschreckenden Hinrichtungsspektakel ein besonders großes Publikum zu erreichen.
Von ihrem Kerker unter dem Rathaus wurden die verurteilten Likedeeler bis zum Hamburger Grasbrook gekarrt. Auf dieser, der Stadt unmittelbar vorgelagerten Elbinsel, die um 1400 überwiegend als Viehweide genutzt wurde und schon damals über eine kurze Brücke zu erreichen war, befand sich die städtische Hinrichtungsstätte. Bereits auf ihrem Weg dorthin werden die Piraten von einem Pulk Männer, Frauen und Kinder begleitet worden sein, doch spätestens auf dem Grasbrook hatte sich eine riesige Menschenmenge eingefunden.
Von je her übten Hinrichtungen oder andere öffentliche Bestrafungen eine starke Anziehungskraft auf die Bevölkerung aus und besaßen oftmals Volksfestcharakter. Dass aber die bemerkenswerte Anzahl von 36 Mitgliedern der berühmt-berüchtigten Vitalienbruderschaft auf einmal öffentlich den Tod finden sollte, allen voran die bekannten Hauptleute Wichmann und Störtebeker, muss eine Sensation gewesen sein, die die Schaulustigen zu Hunderten, wenn nicht sogar zu Tausenden auf die Insel in der Elbe strömen ließ.

Mitgefangen – nicht gehangen. Störtebeker wurde geköpft, genauso wie ein Jahr später Gödeke Michels und alle anderen jemals in Hamburg exekutierten Seeräuber. Was nach einem grausamen Tod klingt, galt im Mittelalter als »ehrenvollste« Art der Hinrichtung. Wie eine einer todeswürdigen Tat überführte Person ihr Ende fand, war unterschiedlich. Gewöhnliche Diebe, die in größerem Maße gestohlen hatten, wurden unehrenhaft gehängt; Brandstifter in einem unten offenen Fass so lange über ein Feuer gehalten, bis sie ersticken; Falschmünzer in einem eisernen Kessel gesotten. All diese Verbrechen galten als schändlich und verachtenswert. Raubüberfälle – offen und gewissermaßen unter aller Augen durchgeführt, egal, ob auf der Straße oder auf See –, wurden dagegen als wage-

Der ehemalige Hinrichtungsplatz in Hamburg heute: der Grasbrook aus der Luft fotografiert.

»Sich wie gerädert fühlen«
Jemand, der nach einer schweren Arbeit oder krankheitsbedingt erschöpft ist und unter Gliederschmerzen leidet, fühlt sich »wie gerädert«.
Angesichts der ungeheuren Qualen, die ein gerädertes Folteropfer tatsächlich empfunden haben muss, erhält der Ausdruck eine völlig neue Dimension.

»Radebrechen«
Ursprung: Auch der Ausdruck *Radebrechen* hat seinen Ursprung in der brutalen Hinrichtungsmethode des Räderns und ist lediglich die Kurzform von »Jemandem auf einem Rad die Glieder brechen«.
Heute bedeutet *radebrechen*, eine Sprache »gebrochen« und unter Mühen zu sprechen.

mutig angesehen und mit einem schnellen Tod belohnt. Hinterhältigen Mördern ließ man eine ganz spezielle Behandlung zukommen, sie wurden gerädert.
Beim *Rädern* ließ der Scharfrichter ein Wagenrad auf die Glieder des Verurteilten niedersausen, die auf diese Weise, bei den Unterschenkeln angefangen bis hinauf zu den Oberarmen, nacheinander zerschmettert wurden, bis am Schluss der tödliche Gnadenstoß auf das Brustbein oder die Halswirbelsäule erfolgte. Wurde der Mord als besonders perfide angesehen, »flocht« man die gebrochenen Arme und Beine des Delinquenten – bevor er den erlösenden Todesstoß erhielt – durch die Speichen des Rades, mit dem er gemartert worden war. Hierauf wurde der Verurteilte entweder erwürgt oder enthauptet oder auf dem Rad belassen, bis der Tod eintrat, was durchaus noch mehrere Stunden oder sogar Tage dauern konnte. Im Angesicht solch einer schmerzvollen, lang andauernden Prozedur erscheint eine schnell und professionell durchgeführte Enthauptung in der Tat als Privileg.

Enthauptung Störtebekers. Der Scharfrichter, der Störtebeker und seine 35 Piratenbrüder hinrichtete, wird in den Unterlagen »*de Buxtehude*« genannt. Er oder seine Familie waren entweder aus Buxtehude nach Hamburg zugezogen oder er besaß einen so exzellenten Ruf im Umgang mit dem Richtschwert, dass man ihn extra von dort hatte kommen lassen. Eine Enthauptung einwandfrei ausführen zu können, erforderte nämlich einiges Geschick, erst recht dann, wenn es drei Dutzend Mal hintereinander passieren sollte. Ein genaues Augenmaß, eine ausgefeilte Technik sowie eine immense Körperkraft waren weitere unabdingbare Voraussetzungen für diese Arbeit.
Die Likedeeler wurden vermutlich kniend exekutiert, da dies die übliche und – aufgrund der Höhe – optimale Haltung war. Bilder, die spätere Hinrichtungen in Hamburg darstellen, zeigen, dass den Delinquenten die Haare bis auf ein dürftiges Büschel abrasiert wurden, um dem Vollstrecker des Todesurteils die Arbeit etwas zu erleichtern. Dem ihm assistierenden Henkersknecht kam die Aufgabe zu, den Kopf an diesem verbliebenen Haarschopf zu packen und am ausgestreckten Arm gerade zu halten. Der Scharfrichter führte das Richtschwert mit beiden Händen, holte in einer kreisenden Bewegung Schwung und trennte den Kopf des zum Tode Verurteilten in möglichst einem Schlag vom Rumpf. Ge-

Das zwei Tonnen schwere bronzene Störtebeker-Denkmal auf dem Grasbrook in Hamburg zeigt den Piraten gefesselt und entkleidet vor seiner Hinrichtung. Die Sockelinschrift lautet: »Gottes Freund, der Welt Feind«.

lang ihm das nicht und er musste ein zweites Mal zuhauen, waren ihm der Spott und die Schmährufe der versammelten Volksmenge sicher. Traf die Klinge hingegen exakt zwischen zwei Halswirbeln hindurch und der Kopf des Übeltäters hing nach diesem »sauberen« Schnitt in der Hand des Henkersknechtes, jubelten die Zuschauer vor Begeisterung und klatschten dem Scharfrichter Beifall. Trotz eventuell »sauber« ausgeführter Arbeit soll die Hinrichtung Störtebekers und seiner Leute ein extremes Blutbad gewesen sein, was hinsichtlich der Anzahl der geköpften Delinquenten durchaus nachvollziehbar ist.

Aufgespießte Schädel am Hafen. Den Seeraub unnachsichtig verfolgen zu dürfen, hatte die Stadt Hamburg als ein Privileg von dem römisch-deutschen Kaiser Karl IV. im Jahre 1355 erwirkt. Auf dieser Rechtsgrundlage ließ der Hamburger Rat bis zum Jahr 1597 mehr als vierhundert Piraten enthaupten. Das Lübische Recht gab vor, wie mit den leblosen Körpern der Seeräuber nach ihrer Hinrichtung zu verfahren war: *»Men scholde en ere hovede afhowen und negele se uppe den stok«* (»Man sollte ihnen ihre Köpfe abhauen und auf den Stock nageln«).
Dieser *Stock* war in der Regel ein Pfahl (abgeleitet vom althochdeutschen *stoc*), bei einer größeren Anzahl gleichzeitig Hingerichteter ein Gestell mit einem querliegenden Holz, auf dem die Piratenschädel dicht nebeneinander aufgereiht zur Schau gestellt wurden. Dass mit Störtebeker, Gödeke Michels & Co. gemäß

den rechtlichen Vorgaben verfahren wurde, geht aus schriftlichen Quellen hervor, die besagen, dass »*ihre Köpffe auff dem Grasbruch auff Pfälen gestecket*« wurden. Auf historischen Karten sind auf der Elbinsel eindeutig Galgen sowie Balken und Pfähle mit aufgenagelten Schädeln zu erkennen, was belegt, dass der Grasbrook bis Mitte des 17. Jahrhunderts von den Hamburgern als Hinrichtungsstätte genutzt wurde. Die zur Schau gestellten Schädel befanden sich offenbar durchweg in Ufernähe, damit die Mannschaften sämtlicher Schiffe, egal ob sie sich auf dem Weg zu den Kaianlagen befanden oder auf Reede lagen, dem grausigen Anblick der langsam verwesenden Gesichter ausgesetzt waren.

Wiedergängertum. Neben dem Zweck der Abschreckung und Zurschaustellung vermuten Historiker in der Schädelnagelung noch weitere Gründe. Im Hochmittelalter wurde es üblich, Körper von Schwerverbrechern nach dem Tod zusätzlich zu verstümmeln, um die Schändlichkeit ihrer Taten zu unterstreichen und zu zeigen, dass sie keinerlei Ehrerbietung verdienten. Ein anderes Motiv könnte in einem tief verwurzelten Aberglauben gelegen haben. Nach diesem hatten sowohl besonders skrupellose Menschen als auch solche, denen nur eine verkürzte Lebenszeit auf Erden vergönnt gewesen war (zum Beispiel Selbstmörder oder Kranke, die jung gestorben waren), die unangenehme Angewohnheit, »wiederzukehren« und als »Lebende Leichen« Unheil anzurichten. Auf hingerichtete Seeräuber trafen beide Voraussetzungen in hohem Maße zu, und die Furcht, sie kämen aus dem Reich der Toten zurück, um an den Lebenden Rache zu nehmen, war enorm. Daher nutzte man diejenige Methode, von der man annahm, dass sie das Wiedergängertum am effektivsten verhinderte – das Pfählen. Da man zur Zeit der Likedeeler bereits dazu übergegangen war, den Kopf als Sitz der Seele anzunehmen, kann die Aufnagelung eines Schädels auch als Fortentwicklung des Pfählens durch Bauch oder Herz angesehen werden. Der Versuch, die Wiederkehr zu verhindern, hat bei Störtebeker aber augenscheinlich nicht funktioniert, – im Gegenteil. Er ist über die Jahrhunderte hindurch bis zum heutigen Tag in den Köpfen und Herzen der Menschen so präsent wie kaum eine andere historische deutsche Persönlichkeit seiner Zeit.

Von der Kuhweide zur HafenCity. Der Hamburger Grasbrook bestand ursprünglich aus einer saftigen Graslandschaft in der Elbe, auf der die Stadtbewohner ihre Schafe und Kühe weideten. Von der Mitte des 18. Jahrhunderts an entstanden auf dieser Insel Hafenbecken und Werften, die ab 1850 unter anderem die ersten Schiffe für die Hamburg-Amerika-Linie der Reederei Hapag bauten.
Die *Hamburger Speicherstadt* wurde ab 1883 auf dem nördlichsten Teil der Grasbrookinsel errichtet, ihr erster Abschnitt war 1888 fertiggestellt. Noch heute ist sie der größte auf Eichenpfählen gegründete Lagerhauskomplex der Welt und gehört seit dem Jahr 2015 zum UNESCO-Weltkulturerbe.
Auf dem gesamten restlichen Gebiet des *Großen Grasbrooks*, zwischen der *Kehrwiederspitze* im Westen und den Elbbrücken im Osten, wird seit 2001

Die Hamburger Elbphilharmonie eröffnete 2017 auf dem Grasbrook.

ein komplett neuer Stadtteil aufgebaut. Die *Hamburger HafenCity* dient Wohn-, Arbeits- sowie Freizeitzwecken und gilt als eines der ehrgeizigsten städtebaulichen Projekte der Gegenwart.

Die sich über die Jahrhunderte ziehenden Baumaßnahmen haben den Grasbrook stark verändert. Dennoch ist es nicht ausgeschlossen, dass unter den Neubauten noch immer die abgeschlagenen Köpfe und verscharrten Gebeine zahlreicher hingerichteter Seeräuber liegen, zumal sich der elbnahe Marschboden besonders gut für die Konservierung von Knochen und anderen organischen Materialien eignet. Die wahrscheinlichsten Plätze hierfür sind aufgrund ihrer Nähe zur ehemaligen Hafeneinfahrt sowie gemäß historischem Kartenmaterial die Kehrwiederspitze und das Terrain der *Elbphilharmonie*.

Störtebekers Schädel – Ein Schädel schreibt Geschichte

Ein mysteriöser Fund. Der sogenannte *Störtebekerschädel* ist ein Totenkopf, der im Oktober 1878 bei Erdbauarbeiten auf der Hamburger Elbinsel Grasbrook entdeckt wurde. Die Finder lieferten ihn bei der damaligen Sammlung für hamburgische Altertümer (heute Bestandteil des Hamburg Museums) ab und erhielten dafür 15 Mark. Der gesamte Fund bestand aus noch einem weiteren Schädel (ohne Gesichtspartie) sowie zwei imposanten Schiffsnägeln mit daran anhaftenden Holzresten, von denen man den einen aufgrund seines hohen Korrosionsgrades leider als wertlos ansah. Die exakte Fundstelle auf dem Grasbrook ist nicht überliefert, lag aber vermutlich im Gebiet des zu jener Zeit ausgehobenen Sandtorhafens.

Beide Schädel besitzen ein Loch im Schädeldach, das von einer Nagelung zeugt, wobei der erhaltene Schiffsnagel genau in das Loch des Störtebekerschädels passt. Bereits im Jahre 1878 wurde davon ausgegangen, dass es sich um die Köpfe hingerichteter Piraten handelt. Den besser erhaltenen von beiden dem legendären Seeräuber Störtebeker anzudichten, lag nahe. Diese Annahme entbehrte allerdings lange Zeit jeglicher wissenschaftlichen Grundlage. Ausführliche medizinische, anthropologische und historische Untersuchungen fanden erst im 21. Jahrhundert statt.

Prominentes Gruselkabinett. Zwischen 1390 und 1597 wurden auf dem Hamburger Grasbrook immerhin nicht weniger als 581 Personen hingerichtet, davon mindestens 428 Seeräuber. Es gilt als sicher, dass nahezu alle verurteilten Piraten enthauptet und ihre Köpfe auf Pfähle oder sonstige Holzgestelle genagelt wurden. Im Falle von Klaus Störtebeker und Gödeke Michels wäre es jedoch nachvollziehbar, wenn die Hamburger Stadtväter ihren Triumph über diese bereits zu Lebzeiten berühmt-berüchtigten Piraten mit größtmöglicher Wirkung zur Schau stellen wollten und ihre Köpfe deshalb separat von denen der gewöhnlichen Gesetzesbrecher an einer besonders exponierten Stelle an der Hafeneinfahrt platziert hätten.

Dass zumindest der Störtebekerschädel einer hochrangigen Persönlichkeit gehört haben muss, gilt mittlerweile als erwiesen. Bevor der Scharfrichter den Nagel in diesen Kopf einschlug, bereitete er nämlich das Schädeldach auf eine höchst ungewöhnliche Weise vor: Nachdem er mit einer Messer- oder Kurzschwertklinge vier Probehiebe durchgeführt hatte – welche heute noch anhand

Einer der im Hamburg Museum ausgestellten Piratenschädel.

deutlicher Einkerbungen zu erkennen sind –, durchschlug er mit einem kräftigeren Hieb schließlich den Knochen und hebelte ein circa zwei mal drei Zentimeter großes Stück davon heraus. Erst dann trieb er den fünfzig Zentimeter langen Eisennagel durch den Kopf.
Beim herkömmlichen Aufnageln zerbarsten Schädel sehr häufig, wodurch die Gesichtszüge des Toten verrutschten und damit nicht selten völlig unkenntlich wurden. Darüber hinaus setzte aufgrund solcher Frakturen der Verwesungsprozess schneller ein. Beim Störtebekerschädel sollte offenbar genau dies verhindert werden.

Störtebeker – bist du es wirklich? Um herauszufinden, zu welchem Zeitpunkt die Männer ihre Köpfe verloren, erhielten Forscher der Universität Oxford den Auftrag, entsprechende Untersuchungen durchzuführen. Mittels der Radiocarbonmethode, auch als *C14-Methode* bekannt, fanden die Wissenschaftler heraus, dass beide Schädel in das Zeitfenster der Likedeeler-Hinrichtungen vom Anfang des 15. Jahrhunderts passen. Beim *Störtebekerschädel* ist die Wahrscheinlichkeit einer Liegezeit seit 1400/1401 sogar auffallend hoch.
Bezüglich des Alters der Delinquenten gibt es ebenfalls Anhaltspunkte. So deutet u.a. der Verknöcherungsgrad der Schädelnähte auf ein Sterbealter hin, das beim Störtebekerschädel zwischen Mitte zwanzig und Anfang vierzig, beim zweiten Totenkopf zwischen dreißig und fünfzig liegt.
Sogar Merkmale, die auf das Geschlecht hindeuten, können aus den Schädeln abgelesen werden. Bei beiden sprechen ein stark ausgeprägtes Nackenmuskelfeld und die markante Ausbildung der Brauenbögen dafür, dass es sich um Männer handelte. Am Störtebekerschädel weist zusätzlich ein besonders starkes Knochenwachstum an den Schläfen sowie hinter den Ohren auf eine kräftige Kopf- und Kaumuskulatur hin.
Die Ergebnisse der Untersuchungen auf Liegezeit, Sterbealter und Geschlecht lassen eine andauernde Vermutung, beim Störtebekerschädel könnte es sich um den Kopf des legendären Seeräubers handeln, also durchaus zu.

Gesichtsrekonstruktion des Störtebekerschädels.

Tatsächlich existieren noch weitere Hinweise darauf, dass der Totenschädel einem besonders harten Haudegen gehörte. Der linke obere Schneidezahn zum Beispiel wurde ihm schon in jüngeren Jahren möglicherweise ausgeschlagen, und an der rechten Stirnseite lassen zwei bereits verheilte flache Knochenverletzungen Verwundungen durch eine Hiebwaffe erahnen.

Die im jungen Erwachsenenalter des *Störtebekerschädels* entstandene Zahnlücke könnte zu dem im »Wismarer Ächtungsbuch« von 1380 an einer Schlägerei beteiligten *Nicolao Stortebeker* passen.

Ein Mythos erhält ein Gesicht. Weil man wissen wollte, wie das zum Störtebekerschädel gehörige Gesicht mutmaßlich ausgesehen hat, wurde eine aufwändige plastische Gesichtsrekonstruktion angefertigt. Diese Nachbildung erfolgte nach den neuesten wissenschaftlichen Erkenntnissen und förderte ein Antlitz zutage, das den Betrachter auf eigentümliche Weise ganz nah an das Geschehen um Klaus Störtebeker und seine Likedeeler heranführt. Auch wenn es sich möglicherweise nicht um den tatsächlichen Piraten Störtebeker handelt, so ist es doch sicher das Gesicht eines Seeräubers aus Hansetagen. Und zwar eines herausgehobenen Seeräubers, wie sich an der speziellen Präparation seines Schädels vor der Nagelung ablesen lässt. Vielleicht blicken wir sogar in das Konterfei Gödeke Michels', des Vitalierführers, der zu seiner Zeit um einiges berühmter war als sein Kumpan Störtebeker.

Familienbande. Der Sage nach war Störtebeker mit der Tochter des Ostfriesenhäuptlings Keno tom Brok verheiratet und Vater eines gemeinsamen Sohnes. Hierüber gibt es jedoch keinerlei Nachweise. Leibhaftig allerdings existieren allein in Norddeutschland etwa 200 Menschen mit dem Namen *Störtebeker* (auch *Stoertebeker, Stortebecker* oder ähnlich). Die Idee, eventuell noch vorhandenes Genmaterial des Störtebekerschädels mit möglichen Nachkommen abzugleichen, lag nahe. Aus diesem Grund reiste der Schädel sogar bis nach Kanada und wieder zurück. Doch unglücklicherweise gelang es den dortigen Forensik-Experten nicht, Erbinformationen aus dem 600 Jahre alten Knochen zu isolieren, weshalb die Frage, ob die Gene von Klaus Störtebeker noch im Umlauf sind, wohl nicht mehr geklärt werden kann.

Entwicklung nach 1400 – Alles vorbei?

Piratengrab auf der Nordseeinsel Amrum.

Piraten auf der Nordsee zwischen 1401 und 1433. Mit der Hinrichtung Störtebekers und Gödeke Michels' inklusive einer beträchtlichen Anzahl ihrer Männer hatte die Hanse in den Jahren 1400 und 1401 einen umfassenden Coup gegen die Piraterie geführt. Vermutlich dachte man sogar, dem Bund der Vitalienbrüder endgültig den Garaus gemacht zu haben. Diese Hoffnung sollte sich jedoch nicht bestätigen. Zwar war offenbar der Gruppenzusammenhalt der Vitalier empfindlich gestört – die Räuber zur See traten von nun an in kleineren Häufchen in Erscheinung –, es ist aber allein in Ostfriesland immer noch von 300 aktiven Likedeelern die Rede. Zwischen den Jahren 1402 und 1411 sind Überfälle auf Hanseschiffe dokumentiert, bei denen neben Bier, Heringen, lebenden Schafen sowie einer Menge Bargeld auch Wachs, Gewandstoffe, Schmuck, Taschen, Gürtel, Messer und andere hochwertige Güter geraubt wurden.
Die Hanse versuchte wiederholt, in kleineren Aktionen gegen die Seeräuber und die sie beherbergenden Ostfriesenhäuptlinge vorzugehen, war damit aber nur wenig erfolgreich. Im Jahr 1433 schien das Maß dann jedoch wieder voll gewesen zu sein. Die Stadt Hamburg stellte für die damals höchst beachtliche Summe von 8726 Mark eine Flotte von insgesamt 21 Schiffen zusammen, übertrug Simon von Utrecht, der mittlerweile Bürgermeister geworden war, den Oberbefehl und schickte diese Streitmacht zuerst nach Emden und danach zur Sibetsburg. Beides wurde erobert, die anführenden Häuptlinge getötet und die Vitalienbrüder anschließend nach bewährter Manier in Hamburg hingerichtet.
Diese umfangreiche Kriegsmaßnahme brachte nun endlich den gewünschten Erfolg: Die letzten Gruppen der Vitalienbrüder waren zerschlagen und vernichtet. Der berühmte Piratenbund von Störtebeker & Co. gehörte der Geschichte an.

Niedergang der Hanse. Über die Entwicklung der Hanse vom späten Mittelalter bis hin zum Jahr 1669, als der letzte Hansetag stattfand, hält sich hartnäckig das Gerücht, sie sei von mangelnder Flexibilität und zu wenig Innovation geprägt gewesen. Dies sei der entscheidende Grund, weshalb der Wirtschaftsverband seine führende Position im Nord- und Ostseehandel an die Holländer verlor und dem unweigerlichen Niedergang entgegenblickte. Vielfältige Faktoren und Einflüsse spielten dabei eine Rolle: Bereits in der ersten Hälfte des 15. Jahrhunderts gelang es der Hanse

nicht mehr, die Holländer aus dem Handel auf der Ostsee herauszuhalten. An dem offenen Kaperkrieg gegen sie, der 1438 ausbrach, beteiligten sich jedoch nur Lübeck, Hamburg, Lüneburg, Wismar, Rostock und Stralsund. Die preußischen Mitgliedsstädte und der Deutsche Orden hingegen verweigerten ihre Teilnahme, da sie ein großes Interesse an Beziehungen mit den holländischen Handelspartnern hatten.
Am Ende des 15. Jahrhunderts unterwarf der Moskauer Großfürst Iwan III. das Fürstentum Nowgorod und zerstörte im Zuge seiner Eroberungen auch den *Peterhof*, das östlichste Kontor der Hanse. An einem friedlichen Warenaustausch mit deutschen Kaufleuten zeigte er keinerlei Interesse. Zwar übernahmen die baltischen Städte Reval und Riga den Handel und garantierten dadurch weiterhin den Zugang zu russischen Rohstoffen wie Holz, Teer oder Pelzen. Allerdings genossen die hansischen Kaufleute hier keine Bevorzugung mehr, sondern standen in einer Reihe mit dänischen, schwedischen, englischen, holländischen und spanischen Händlern.
Während die Hanse im 14. und 15. Jahrhundert in England unschätzbare Handelsprivilegien besaß (indem sie zum Beispiel, im Gegensatz zu den englischen Kaufleuten selbst, vom Zoll auf englische Tuche ausgenommen war), wurden ihr diese nach und nach entzogen. Die englische Krone begann, die eigenen Kaufmannschaften mehr zu unterstützen, was 1598 die Schließung des *Stalhofs*, des hansischen Kontors in London, zur Folge hatte.
Der auf einer Ost-West-Achse stattfindende Handel wurde zunehmend von einem Nord-Süd-Handel abgelöst, der hauptsächlich über Kölner Kaufleute ablief. Der Markt fragte sowohl vermehrt überseeische Waren

Die Salzspeicher in Lübeck entstanden erst ab 1579 und dienten der Lagerung des Salzes, das nach Skandinavien exportiert wurde.

Der Nachbau der Fleute BATAVIA, *eines typischen Handelsschiffes nach 1600, erfolgte von 1985 bis 1995 auf der Bataviawerft in Lelystadt in den Niederlanden.*

nach, die per Schiff in Holland eintrafen, als auch aus dem Süden kommende italienische Produkte.
Die Annahme des Protestantismus führte zu erschwerten Bedingungen für die Beteiligung der Hanse am Handel mit Übersee: Im Jahr 1512 schloss der katholische Kaiser des Heiligen Römischen Reiches, Maximilian I., pauschal alle Deutschen per Reichtagsbeschluss vom Handel mit den Neuen Ländern aus. Im Unterschied zu den Freien Hansestädten, die ständig im Streit mit dem Kaiser lagen, fanden die süddeutschen Kaufmannsfamilien der Fugger und Welser Wege, diese Einschränkung zu umgehen. Dies lag allerdings sicher nicht nur allein an ihrer katholischen Glaubenszugehörigkeit, sondern höchstwahrscheinlich auch daran, dass Maximilian I. einer ihrer größten Gläubiger war. Eine weitere Auswirkung der Reformation in den nördlichen Ländern war die schwindende Nachfrage nach Hering. Durch die Aufhebung der strengen Fastengesetze fand dieses Handelsprodukt der Hanse – dessen Vorkommen ab dem Jahr 1520 in der Ostsee ohnehin stark zurückging – kaum mehr Absatz. Hinzu kam, dass der verbliebene Markt nun mit den Holländern geteilt werden musste, die begonnen hatten, Heringe in Hochseefischerei auf der Nordsee zu fangen.

Die Wapen von Hamburg *(Waffe von Hamburg). Kupferstich von Peter Hessel, 1675.*

Mit der *Fleute* entwickelten die Holländer um 1600 einen Schiffstyp, der eine ähnliche Erfolgsstory durchlief wie seinerzeit die Kogge. Das dreimastige Fahrzeug besaß eine große Ladefähigkeit bei geringem Tiefgang und fuhr Routen, die hansische Schiffe nur einmal im Jahr bewältigten, zweimal pro Saison.
Die Mitgliedsstädte der Hanse – in Hochzeiten waren es mehr als 200 – hatten ohnehin nicht immer am selben Strang gezogen. Bis zur Mitte des 17. Jahrhunderts aber drifteten die einzelnen Macht- und Handelsinteressen so weit auseinander, dass am letzten Hansetag der Geschichte, am 29. Mai 1669 in Lübeck, nur noch sechs Städte teilnahmen.

Hanseatische Gemeinschaft. In der Zeit von 1618 bis 1648 lähmte der Dreißigjährige Krieg eine wirkungsvolle Zusammenarbeit innerhalb der Hanse, weshalb im Jahr 1629 Lübeck, Hamburg und Bremen dazu bevollmächtigt wurden, das Bündnis nach außen hin zu vertreten. Darüber hinaus schlossen diese drei Städte ein Jahr später einen Verteidigungspakt. Auf diesen Grundlagen entwickelte sich eine gemeinsame Handelspolitik, die allgemein als *hanseatisch* verstanden und erst nach dem Ersten Weltkrieg formal beendet wurde.

Korsaren auf der Elbe. Dass mit der Zerschlagung des Vitalienbruderbundes die Piraterie auf der Nordsee noch lange nicht vorbei war, zeigen zwei Figuren an der Hamburger Kersten-Miles-Brücke: Neben dem namensgebenden Kersten Miles sowie Simon van Utrecht (die beide an der Gefangennahme und Hinrichtung Störtebekers und Michels' beteiligt gewesen waren; der eine als Bürgermeister, der andere als Schiffsführer) stehen Ditmar Koel, der u.a. im Jahr 1525 den Piraten Claus Kniphoff auf der Osterems vor Greetsiel in einem angeblich acht Stunden andauernden Seegefecht besiegte, und Berend Jacobsen Karpfanger, der Befehlshaber des berühmten Konvoischiffs Wapen von Hamburg. Karpfanger hatte es bis zum Admiral gebracht, weil er bedeutende Erfolge gegen die Barbaresken-Korsaren verzeichnen konnte, die im 17. Jahrhundert die europäischen Meere unsicher machten und sogar bis in die Elbmündung vorgedrungen waren. Während der Schifffahrtssaison 1662 kaperten die Korsaren dort acht Hamburger Schiffe und brachten sie inklusive der Mannschaften nach Nordafrika, wo sie die 119 Seeleute als Sklaven verkauften.

Die Neue Hanse. Heutzutage existiert erneut ein aktives Netzwerk zwischen ehemaligen Mitgliedern der Hanse und Städten, die sich diesen verbunden fühlen. Die weltweit größte freiwillige Städtegemeinschaft *Die Hanse* umfasst aktuell 185 Städte in 16 europäischen Ländern – mit wachsender Mitgliedszahl. Ziel dieser *Neuen Hanse* ist es, neben wirtschaftlichen Belangen den traditionellen hansischen Gedanken des grenzüberschreitenden Erfahrungsaustauschs zu pflegen und ein Zusammenwachsen Europas zu fördern. Wie stark das Bedürfnis nach der Überwindung alter Feindseligkeiten und Vorbehalte ist, wird am Beispiel Polens deutlich, das mit 23 Städten das zweitgrößte Kontingent an Mitgliedern stellt (nach Deutschland mit 102 Städten).

Schiffswracks und ihre Schätze – Zeugen auf dem Meeresgrund

Wrackreste kontra Schiffsbohrwurm. Zur Hansezeit waren Schiffsuntergänge an der Tagesordnung, aber auch in den Jahrhunderten danach blieb die Seefahrt ein gefährliches Geschäft. Die Nord- und Ostsee gehören weltweit zu den Gewässern mit den meisten Wracks. Bei den Vorbereitungsarbeiten für den Bau der sogenannten Ostseepipeline 2009/2010 wurden mehrere tausend Objekte geortet. Allein um die Insel Rügen herum sind bisher rund 300 Wracks bekannt, tatsächlich gesunken ist dort aber vermutlich die fünf- bis zehnfache Anzahl an Schiffen.
Obwohl im späten Mittelalter viele Schiffe untergingen, sind Koggenfunde, im Vergleich zu Fahrzeugen späterer Epochen, relativ selten. Schließlich hatten Mikroorganismen zwischen sechs- und neunhundert Jahre Zeit zur Zersetzung und haben diese Arbeit zum allergrößten Teil recht gründlich erledigt. Aufgrund ihres geringen Salzgehaltes (0,8–1,7%) sind die Chancen auf Funde in der Ostsee dabei noch erheblich größer als in der Nordsee (3–3,5%). Sorge dagegen bereitet der seit Ende des vergangenen Jahrtausends in die Ostsee eingewanderte *Schiffsbohrwurm*. Diese durchschnittlich 20 Zentimeter große Bohrmuschelart, die sich fast ausschließlich von Zellulose ernährt, verbreitet sich in manchen Jahren nahezu explosionsartig und richtet nicht nur an Bauten des Küstenschutzes, sondern auch an historischen Objekten einen immensen Schaden an.

Koggenwracks als Zeugen der Vergangenheit. Schiffsfunde wie die *Bremer Kogge*, die *Darßer Kogge* oder die Koggen von Nijkerk (Niederlande), Doel (Belgien), Kollerup (Dänemark) und Parnu (Estland) helfen dabei, die Schifffahrt des Mittelalters, inklusive Schiffbau und Segeltechniken sowie den Ablauf des damaligen Alltags an Bord besser zu verstehen. Die Wracks sind auch deshalb so bedeutsam, weil man lange Zeit völlig im Unklaren darüber war, wie Schiffe dieses Typs überhaupt aussahen. Denn obwohl die Kogge *das Schiff* der Hansezeit war, gelang der erste eindeutige Fund erst in der zweiten Hälfte des 20. Jahrhunderts mit der Bremer Kogge. Bis dahin waren Historiker für ihre Forschungen auf unzureichende schriftliche und bildliche Quellen wie Wandmalereien oder Siegel angewiesen, die allenfalls vage Angaben zu den Bautechnologien und Dimensionen enthielten. Erst ab dem 16. Jahrhundert sind einfache Baubeschreibungen und Konstruktionszeichnungen für Schiffe überliefert.

© Marvin Siefke/pixelio.de

An den Strand geworfen. Hölzernes Schiffsskelett.

Die Bremer Kogge war das erste Fahrzeug, das zweifelsfrei als Kogge identifiziert werden konnte, weshalb ihr Fund als Meilenstein der nordeuropäischen Schifffahrtsarchäologie gilt. Die aus der Untersuchung des darüber hinaus außergewöhnlich gut erhaltenen Wracks gewonnenen Erkenntnisse halfen dabei, mehr als ein Dutzend weitere Schiffe dem Typ Kogge zuzuordnen.

Die Bremer Kogge wurde 1380 an der Weser gebaut. Ihre Ausmaße (23 m Länge, 7,60 m Breite, 1,80 m Tiefgang) hätten es ihr erlaubt, 44 Lasten, also nach heutiger Rechnung 84 Tonnen zu transportieren. Dazu kam es jedoch nicht, da der Neubau kurz vor seiner Fertigstellung durch Sturm und Hochwasser von der Bremer Werft abtrieb und im Fluss versank. Das Wrack kam im Oktober 1962 beim Bau des Europahafens zum Vorschein und wurde in etwa zweitausend Einzelteilen aus dem Schlick geborgen. Dazu fand man Werkzeuge der Schiffszimmerleute, einen Nierendolch, ein Fass mit Teer sowie einen Schuh. Nach mühevollem Wiederaufbau – um das Holz zu erhalten, durfte eine Luftfeuchtigkeit von 97 Prozent nie unterschritten werden – lag die Bremer Kogge zur Kon-

Die Bremer Kogge im Deutschen Schifffahrtsmuseum in Bremerhaven.

servierung 17 Jahre lang in einem riesigen Becken mit Polyethylenglykol. Seit dem Jahr 2000 wird sie im Deutschen Schifffahrtsmuseum Bremerhaven präsentiert.

Die Eichenhölzer, aus denen die Darßer Kogge gezimmert wurde, datieren zwischen 1298 und 1313, zwei Kennzeichen auf Bronzegefäßen ordnen Historiker dem Jahr 1354 oder jünger zu. Aus einem Teil des Frachtraums bargen die Archäologen neben Stockfisch, Rentiergeweihen sowie Wetz- und Dachsteinen auch ein Fass mit Schwefel aus Island. Darüber hinaus fanden sich Töpfe, Kannen aus Bronze und Zinn, eine Feldflasche sowie Nahrungsmittelreste. Taucher entdeckten die Darßer Kogge bereits 1977, der Fund war jedoch lange nicht zugänglich, da er sich im damals der Vorpommerschen Küste vorgelagerten Sperrgebiet befand. Im Sommer 2000 wurden die Wrackstelle schließlich untersucht und einige Artefakte geborgen.

Weitere Koggenfunde. Die dänische Kollerup-Kogge wurde aufgrund von dendrochronologischen Untersuchungen auf das Baujahr 1150 datiert und ist damit die bisher älteste gefundene Kogge. Sie havarierte in der

Die Ijssel-Kogge wurde im Februar 2016 gehoben.

berüchtigten Jammerbucht, nordwestlich von Jütland, vermutlich bei dem Versuch, als eines der ersten Frachtschiffe überhaupt die Fahrt um Kap Skagen herum zu wagen. Ein vierzehn Meter langer Nachbau dieses Schiffs steht seit 2015 im Europäischen Hansemuseum in der Hansestadt Lübeck.

Das zweitälteste jemals gefundene Koggenwrack (1189) wurde 1943 im dänischen Koldingfjord an der Ostküste Jütlands entdeckt. Wissenschaftler bargen einzelne Teile, untersuchten sie und legten sie wieder am Fundort ab, danach kam das Wissen um die Position des Wracks abhanden. Kurz vor der Jahrtausendwende wurde das Schiff erneut aufgespürt und im Jahr 2001 geborgen. Nach Abschluss der Konservierungsarbeiten wird es eine der Hauptattraktionen des Koldinghus Museums sein.

Beim Ausheben des Rostocker Seekanals (um 1903/04) stießen Bagger auf die Überreste einer mutmaßlichen Hansekogge. Aus dem sogenannten Rostocker Grapenschiff sind Teile der Ladung (Kochtöpfe und Trinkkannen) erhalten, das Wrack selbst nicht.

An der Nordküste der dänischen Insel Seeland lag in anderthalb bis zwei Metern Tiefe ein Koggenwrack, von dem ausschließlich der Schiffsboden erhalten ist. Dieser war von Ballaststeinen bedeckt, die ihn sowohl vor Wellengang als auch vor Schiffsbohrwürmern schützten. Dendrochronologische Vergleiche ergaben, dass das Fahrzeug 1372 in Danzig gebaut wurde. Der Vejby-Fund wird auch als »die Kogge mit dem Goldschatz« bezeichnet, da sich an der Wrackstelle 110 Goldmünzen befanden.

Eine Kogge kleineren Typs (8,50 m Länge, 3,50 m Breite) wurde im Rigaischen Meerbusen vor der Ostküste Estlands gefunden. Die Hafenstadt Pärnu ist eine Gründung des Deutschen Ordens (1251, ursprünglicher Name *Pernau*) und war Mitglied der Hanse. Das Koggenfragment kann mitsamt Teilen seiner aus dem 14. Jahrhundert stammenden Ladung (Keramik aus dem Rheinland) im historischen Speicher des 2012 eingeweihten heimatkundlichen Museums von Pärnu bestaunt werden.

Neun weitere Koggen wurden in Flevoland, der jüngsten Provinz der

Niederlande lokalisiert. Flevoland besteht fast ausschließlich aus Poldern; Gebieten, die im letzten Jahrhundert dem Ijsselmeer abgerungen wurden. Der Koggenfund von Nijkerk, einem Ort der angrenzenden Provinz Gelderland, diente als Vorlage für die im Jahre 1997 angefertigte Kamper Kogge.

Arbeiten an einem Antwerpener Containerterminal brachten im Jahr 2000 eine relativ gut erhaltene Kogge von 20 Metern Länge und sieben Metern Breite ans Tageslicht. Das Bauholz für die Doeler Kogge wurde im Winter 1325/26 in Westfalen geschlagen, das Schiff selbst versank um 1400 in einem Scheldearm, was bedeutet, dass es circa sieben Jahrzehnte lang seinen Dienst tat. Zurzeit befindet es sich im Konservierungsprozess, um später im Schifffahrtsmuseum Baasrode, südwestlich von Antwerpen, seinen Platz zu finden.

Ein 1410 gebautes und 1430 bei Almere in den Niederlanden untergegangenes Schiff galt lange Zeit als das jüngste bisher gefundene Fahrzeug des Typs Kogge. Mit ihm konkurriert ein aus dem Jahr 1476 stammendes Wrack, welches auf Reede liegend am Ausgang der Wismarer Bucht vor dem Ortsteil Wendorf sank und ebenfalls als Kogge deklariert wurde.

Konservierung. Hölzer, die jahrhundertelang unter Wasser gelegen haben, drohen durch den Kontakt mit Luft zu zerfallen oder verlieren beim Trocknen ihre Form. Eisenteile wären ohne gezieltes Eingreifen einem fortschreitenden Korrosionsprozess ausgeliefert. Aufgrund dessen kommt dem Thema Konservierung in der Schifffahrtsarchäologie eine ganz besondere Rolle zu.
Holz, das sehr lange Zeit im Wasser liegt, behält nur scheinbar seine Konsistenz. Erosionsbakterien ernähren sich unaufhörlich von Zellulose und höhlen den hölzernen Gegenstand damit von innen aus. Form und Größe bleiben allein deshalb erhalten, weil diese Mikroorganismen nicht in der Lage sind, die ligninreichen Mittellamellen zwischen den Zellen abzubauen, und in die entstandenen Zwischenräume Wasser eindringt. Das Objekt erscheint äußerlich vollkommen unbeschädigt, fühlt sich aber weich und schwammig an. Brächte man es in diesem Zustand an die Luft, würde das Wasser verdunsten und das Holz zusammenfallen. In einem mehrjährigen Prozess wird das enthaltene Wasser durch Polyethylenglykol (PEG), einem farblosen und wasserlöslichen Kunstwachs ersetzt. Lässt man das Holz nach solch einem Prozess trocknen, bleibt das PEG in den Zellen und sorgt für deren Stabilisierung – der Gegenstand behält seine Form.
Die in einem Schiff verbauten Eisenteile und eiserne Werkzeuge haben aus dem Meerwasser Salze aufgenommen, die zur ihrer allmählichen Korrosion führen. Deshalb legt man die Artefakte in chemische Bäder, die den weiteren Zerfall verhindern bzw. verlangsamen sollen.

In Anerkennung der Einmaligkeit historischer Artefakte auf dem Meeresgrund und der Wichtigkeit, sie zu erhalten, verabschiedete die UNESCO im Jahre 2001 erstmals das Übereinkommen zum »Schutz des Kulturerbes unter Wasser«.

Kogge-Nachbauten – Gelebte Geschichte

Experimentelle Archäologie. Zusammen mit dem Aufbau des Wracks der *Bremer Kogge* im Deutschen Schifffahrtsmuseum Bremerhaven entstand die Idee, eine Replik im Originalmaßstab zu erschaffen. Schon der Fund der Bremer Kogge hatte etliche Fragen im Bezug auf deren Bauweise beantworten können. So war zum Beispiel nicht eindeutig geklärt, auf welche Weise das Segel gesetzt oder der Anker eingeholt wurde. Das Wrack aus der Weser hatte darauf die Antwort parat, denn es enthielt sowohl eine quer auf dem Deck liegende Winde (*Bratspill*) zur Bedienung des Segels als auch eine vertikale Winde (*Gangspill*) auf dem Achterkastell zum Aufspulen des Ankertaus. Aber wie viele Besatzungsmitglieder waren nötig, um eine Kogge dieser Größenordnung segeln zu können?

© VollwertBIT, Lizenz: CC BY-SA 2.5

Die Hansekogge in heimischen Gewässern: Kieler Förde

Fragen solcher Art lassen sich am Besten mithilfe *Experimenteller Archäologie* beantworten. Bei diesem Wissenschaftszweig werden Gegenstände der zu untersuchenden Zeit zunächst vorbildgerecht neu erstellt und dann wird mit ihnen gearbeitet. Dass die Schifffahrt der Hansezeit besonders spannend zu sein scheint, zeigt eine Flotte von mittlerweile sieben Kogge-Nachbauten.

Die Lübecker Kogge war eine »Kogge«-Replik, die 1926 dem damaligem Wissensstand entsprechend anlässlich der 700-Jahr-Feier »Reichsfreiheit der Hansestadt Lübeck« gebaut wurde. Während der Regatten auf der Kieler Förde im Rahmen der Olympischen Spiele 1936 brannte in einer an ihrem Mast angebrachten Schale das Olympische Feuer. Im Jahr 1950 havarierte die Lübecker Kogge zweimal in Folge auf der Trave und wurde aus Mangel an finanziellen Mitteln nicht wieder instand gesetzt.

Ubena von Bremen

Heimathafen: Bremerhaven; Länge: 23,23 m; Breite: 7,62 m; Tiefgang (unbeladen): 1,25 m
Die Ubena von Bremen ist die erste Nachbildung der Bremer Kogge von 1380. Sie wurde zwischen 1988 und 1990 vom Verein Hanse-Koggewerft e.V. gebaut. Nach fast 600 Jahren war sie die erste Kogge, die erneut auf der traditionellen Hanseroute von Lübeck nach Danzig segelte.

Hansekogge

Heimathafen: Kiel; Länge: 23,27 m; Breite: 7,6 m; Tiefgang (unbeladen): 1,90 m
Die Hansekogge entstand 1989–1991 zeitnah zur Ubena von Bremen in Kiel an der Ostsee. Sie ist der bisher originalgetreueste Nachbau des in Bremen gefundenen Wracks und hat auf ihren zahlreichen Reisen wertvolle Ergebnisse zu den Segeleigenschaften einer Kogge geliefert.

Kamper Hanze Kogge

Heimathafen: Kampen, Niederlande; Länge: 19,60 m; Breite: 7,30 m; Tiefgang (unbeladen): 1,90 m
Die Kamper Hanze kogge ist eine Rekonstruktion des 1983 in Nijkerk, Niederlande gefundenen Schiffswracks und lief 1997 vom Stapel. Wie die anderen Koggen auch unternimmt sie als Botschafterin mittelalterlicher Schifffahrt ausgiebige Törns quer über die Nord- und Ostsee.

Unter Segel: Die Kogge Ubena von Bremen überholt an Backbord die Brigg Roald Amundsen auf der Kieler Woche im Jahre 2007.

Tvekamp af Elbogen

Heimathafen: Malmö, Schweden; Länge: 28 m; Breite: 8,50 m; Tiefgang (unbeladen): 2,40 m
Basis dieses Nachbaus ist eine 1991 im Öresund bei Skanör entdeckte Kogge. Die 2003 fertiggestellte Tvekamp af Elbogen ist Teil des Foteviken Museums in Malmö, besucht aber auch andere Hafenstädte und nimmt an internationalen Koggentreffen teil.

Arka

Heimathafen: Klaipeda, Litauen; Länge: 17,50 m; Breite: 4,70 m; Tiefgang (unbeladen): 0,90 m
Diese etwas kleinere Kogge ist das Ergebnis einer engagierten Privatinitiative. Sofort nach ihrer Wasserung am 10. August 2007 begab sich die Arka auf die Reise und fuhr den alten Koggenweg von Petrosawodsk in Russland über den Onega-See weiter über den Ladoga-See, die Flüsse Svir und Neva hinunter nach St. Petersburg und Kronstadt Hafen. Via Liepaja in Lettland segelte sie dann bis nach Travemünde, wo sie nur sechzehn Tage nach ihrem Stapellauf eintraf.

Wissemara

Heimathafen: Wismar; Länge: 31,50 m; Breite: 8,50 m; Tiefgang (unbeladen): 2,60 m
Im Jahr 1997 wurde vor der Ostseeinsel Poel ein Wracksegment geortet, welches zunächst der Hansezeit zugeordnet wurde. Neuere Untersuchungen weisen jedoch darauf hin, dass die sogenannte *Poeler Kogge* aus Finnland stammt und wahrscheinlich erst 250 Jahre alt ist (Baujahr 1773). Ihr Nachbau, die Wissemara von 2004, kann jedoch trotzdem als Kogge gelten, da sie die wesentlichen Züge dieses Schiffstyps aufweist (als Vorlage dienten zum großen Teil erwiesenermaßen mittelalterliche Schiffe).

Roland von Bremen

Bei der Roland von Bremen handelt es sich um die dritte Replik der Bremer Kogge. Sie war zur Ausstellung »Expo 2000« fertiggestellt, sank jedoch im Januar 2014 an ihrem Liegeplatz im Schlachtehafen der Hansestadt. Seit Pfingsten 2015 dient sie wieder der Stadt Bremen als ein schwimmendes Museum.

Die Roland von Bremen am Liegeplatz in der Weser.

Mythos Störtebeker – Großer unter Gleichen

Ein Mann – eine Legende. Unzählige Geschichten stilisieren Klaus Störtebeker zu einem Mythos, einem Helden, der sich souverän und selbstlos gegen die Obrigkeit auflehnte, einem *Outlaw*, der mit ungeheurem Mut gegen die göttliche Ordnung verstieß, in der ärmere Menschen sich gefangen sahen. Nach wie vor ist Störtebeker eine Figur, mit der man sich, zumindest in norddeutschen Gegenden, gerne identifiziert, war der Seeräuber doch in etlicher Hinsicht ein Phänomen:

- So wie er in zahllosen Geschichten beschrieben wird (»hünenhaft«, »riesengroß«, »rothaarig«, »mit blond gelockter Mähne«, »von grimmigem Aussehen«, »von kräftiger Statur«, »mit einem Brustkorb, der Ketten sprengen konnte«), scheint der Seeräuber schon rein äußerlich einiges Aufsehen erregt zu haben.
- Er war angeblich so trinkfest, dass er einen Vier-Liter-Humpen Bier in einem Zug leerte (Klaus *Stürz-den-Becher*).
- Diesen konnte er danach noch mit einer Hand zusammendrücken. Beidhändig gelang es ihm, ein Hufeisen auseinanderzuziehen oder Eisenketten zu zerreißen.
- Störtebeker galt einerseits als grausamer und beutegieriger Gewalttäter, der seine Gefangenen – wenn sie kein Lösegeld zahlen konnten – gnadenlos über Bord werfen ließ, gleichzeitig aber auch als hilfreicher und selbstloser Menschenfreund.
- Er war gerissen und führte seine Gegner geschickt an der Nase herum.
- Nach seiner Hinrichtung lief er ohne Kopf an einigen seiner Männer vorbei.

Zusammengenommen vermitteln diese Attribute den Eindruck einer vielschichtigen Persönlichkeit, die zwar kopflos starb, es aber auch nach sechshundert Jahren immer noch schafft, in den Köpfen der Menschen herumzuspuken. Wahrscheinlich erscheint, dass er ein charismatischer Führer und gewandter Kämpfer war, der von seinen Leuten über die Maßen bewundert wurde. Als gesichert kann angesehen werden, dass er als Räuber zur See ungewöhnlich großen Erfolg hatte, denn dies geht eindeutig aus den Klageschriften bestohlener Kaufleute hervor.

Freiheitskämpfer und Pirat. *Robin Hood der Meere* ist wohl die geläufigste Bezeichnung des Seeräubers Störtebeker. Gerechtigkeit soll ihm über alles gegangen sein. Der Sage nach nahm er Hab und Gut von den reichen Hansekaufleuten und teilte die Beute fair mit seinen Kameraden aus der Piraten-Bruderschaft.

Außerdem wird er als mildtätiger Retter beschrieben, der auf der Seite der Ärmsten und Ausgebeuteten stand und ihnen aus der Not half, indem er sie entweder mit Geld oder Lebensmitteln versorgte. Andererseits stellten die Vitalienbrüder eine enorm große Bedrohung dar, und auch im Mittelalter wusste man schon, dass Piraten extrem gewalttätig und skrupellos agierten.
Gründe, weshalb Seeräuber dennoch als draufgängerische Abenteurer angesehen wurden, die gegen die als ungerecht empfundene Macht- und Geldverteilung in der Welt angingen, sind auch in massiven Umbrüchen und Katastrophen des 14. Jahrhunderts zu suchen. Der Beginn der sogenannten *Kleinen Eiszeit* hatte Missernten zur Folge, und zwischen 1347 und 1353 starb nach Schätzungen circa ein Drittel der europäischen Gesamtbevölkerung an der Pest. In Hamburg erlagen beispielsweise 16 von 21 Ratsherren der totbringenden Seuche, in Lübeck kamen während dreier Pestschübe rund 40 Prozent der Mitglieder aus Kaufmanns- und Handwerksfamilien ums Leben. Nur ein Jahrzehnt später spülte die *Zweite Marcellusflut*, auch *Große Manndränke* genannt, allein an der deutschen Nordseeküste mehr als 30 Kirchengemeinden ins Meer und kostete schätzungsweise 100 000 Menschen das Leben. Infolge dieser schrecklichen Ereignisse, die alles bisher Dagewesene in den Schatten stellten, brachen Hungersnöte und teils anarchische Zustände aus. Ein ganzes Weltbild geriet ins Wanken. Erstmals in der europäischen Geschichte erlaubten es sich die unteren Bevölkerungsschichten in größerem Maße, die herrschenden, »gottgegebenen« Machtverhältnisse anzuzweifeln und ihr Schicksal selbst in die Hand zu nehmen. Aufstände, zum Beispiel 1374 in Braunschweig (*Große Schicht*) oder zehn Jahre später in Lübeck (*Knochenhaueraufstand*), transportierten ein Gedankengut, das mit den angeblichen Werten der Piraten von Freiheit, Gleichheit und Gerechtigkeit gut zusammenpasste.

Über die Handelsrouten auf dem Wasser verbreitete sich die Pest noch schneller als im Binnenland. So trug im Mai 1349 eine Kogge englischer Kaufleute den *Schwarzen Tod* ins norwegische Bergen, kurze Zeit später erreichte die Seuche die deutsche Nordseeküste. Über die Ostsee gelangte sie in weitere Länder, bis hin zum hansischen Kontor in Nowgorod.

Gefangennahme Störtebekers – Mythos und Wirklichkeit. Der Sage nach gelang die Überwältigung Störtebekers auf folgende Weise: Ein Ewerführer aus Blankenese (damals ein Fischerdorf an der Elbe, heute ein Stadtteil Hamburgs), der im Sold der Hanse stand, kundschaftete auf der Nordseeinsel Helgoland zunächst heimlich aus, welches der Likedeelerschiffe unter dem Kommando Störtebekers stand. Dann goss er geschmolzenes Blei auf diejenigen Stellen, an denen das Ruderblatt am Heck befestigt war, und machte es dadurch bewegungsunfähig. Nun lag Störtebeker mit seiner Kogge in der Bucht von Helgoland eingeklemmt und hatte keine Möglichkeit mehr, den zahlenmäßig deutlich überlegenen Angreifern zu entkommen.
Gemäß der Überlieferung konnte Klaus Störtebeker also nur durch eine List besiegt werden. Aus historischer Sicht dagegen stellt sich

die Expedition der Hamburger eher wie ein exakt geplanter und straff durchgeführter militärischer Schachzug dar. Durch ihre Spione wussten die Angreifer, dass Störtebeker seinen Stützpunkt auf Helgoland eingerichtet hatte und dass seine Schiffe in der einzigen Bucht der Insel lagen. Diese bot den Fahrzeugen zwar ein gutes Versteck, hatte aber auch den Nachteil, dass sie bei Gegenwind nicht verlassen werden konnte. Genau dieser Wind jedoch begünstigte die Pläne der Piratenjäger, die nach neuesten Erkenntnissen nicht direkt aus Hamburg kamen, sondern von der Dithmarscher Küste aus angriffen. Um ihren nächtlichen Überraschungsangriff zu starten, brauchten sie dort nur den richtigen Wind abzuwarten.
Die Sage enthält also folgende Übereinstimmungen mit der Wirklichkeit:

- Die Hamburger haben sich (durch getarnte Verbindungsleute) vor dem Angriff ein genaues Bild von der Situation gemacht.
- Die Offensive unterlag der Geheimhaltung und erfolgte völlig überraschend.
- Störtebekers Schiff war bewegungsunfähig.

Hintergangen, geköpft und aufgenagelt. Auch um die Hinrichtung Störtebekers ranken sich einige Legenden. So habe er zum Beispiel den Hamburger Ratsherren ungeheuer kostbare Schätze gegeben, im Tausch gegen sein Leben und das seiner Männer. Die Hamburger schmolzen die Sachen ein, um mit dem Gold entweder – hier erhalten die Schilderungen verschiedene Ausprägungen – das Turmdach der Katharinenkirche zu decken, die Nikolaikirche mit einer Krone zu schmücken oder eine goldene Kette anfertigen zu lassen, die um die gesamte Stadt herumreichte. Die Ratsherren nahmen das Gold, brachen jedoch ihr Versprechen und richteten die Piraten gnadenlos hin.
Eine andere Legende erzählt, dass Störtebeker den Hamburger Ratsherren die Zusage abrang, zwar nicht ihn selbst, aber doch so viele seiner Männer freizulassen, an denen er ohne Kopf noch vorbeilaufen könne. Man streitet darüber, wie groß die Anzahl letztendlich war (sie schwankt zwischen fünf und zwölf), ist sich aber dahingehend einig, dass es noch mehr Gerettete hätten sein können, wenn die Hamburger nicht den Scharfrichter bzw. seinen Gehilfen angewiesen hätten, Störtebeker ein Bein zu stellen.
Aber auch ohne derartig mythische Geschehnisse werden die beiden Massenhinrichtungen der Likedeeler in den Jahren 1400 und 1401 schon spektakulär genug gewesen sein, um sich in den Köpfen von Generationen festzusetzen. Hinzu kommt, dass Störtebekers und Gödeke Michels' Totenköpfe nach der Exekution vermutlich noch jahre- oder sogar jahrzehntelang am Hafen posierten. Solch eine Präsenz, zusammen mit dem weitverbreiteten Aberglauben an Wiedergängertum (welches durch das Aufspießen der Schädel ja eigentlich verhindert werden sollte), kann vermutlich die abstrusesten Geschichten produzieren.

Störtebekerlied. Die Ereignisse rund um die Piratenführer Klaus Störtebeker und Gödeke Michels werden von vorneherein eine große Anziehungskraft auf das gemeine Volk besessen haben, doch spätestens ab

Mitte des 16. Jahrhunderts waren sie auch in aller Munde. In dieser Zeit entstand das *Störtebekerlied*, das in ursprünglich 26 Strophen sowohl historische Einzelheiten als auch große Teile von Legenden in einem Text zusammenfasst. Die anschaulichen Reime und die dazugehörige eingängige Melodie waren jahrhundertelang ein beliebtes Liedgut, was auch daran abzulesen ist, dass spätere Volkslieder den Vermerk besitzen: *»In der Weise des Störtebekerliedes zu singen!«*

Störtebeker-Denkmal in Marienhafe, Friesland

Denkmäler. Denkmäler in Form dreier bronzener Skulpturen hat man dem Helden ebenfalls errichtet. Eines davon befindet sich in Verden an der Aller, als Brunnenfigur mit Heringen und Brot, ein anderes im friesischen Marienhafe vor dem *Störtebekerturm*. Letzteres zeigt den Seeräuber in selbstbewusster Haltung, entschlossen und zuversichtlich in die Welt blickend. Der Dritte im Bunde, der Hamburger Störtebeker, steht fast gänzlich entkleidet und mit gefesselten Händen auf dem Grasbrook, der Stätte seiner Hinrichtung. Er sieht mit vorgerecktem Kinn zur Seite (in Richtung Elbe und Meer) und erwartet mit durchgedrückten Schultern seine Exekution.

Der Hinrichtung entkommen? An welcher Stelle des Hamburger Grasbrooks Störtebeker im Oktober 1400 genau hingerichtet wurde, ist nicht bekannt. Es gibt sogar Stimmen, die erklären, Störtebeker sei überhaupt nicht exekutiert worden, sondern der Urteilsvollstreckung seinerzeit noch rechtzeitig entkommen. Der Umstand, dass ein Pirat, der unter solch enormem Aufwand gejagt und gefangen wurde, seinen Häschern kurz vor der Hinrichtung doch noch durch die Lappen geht, wäre aber für die Hamburger Ratsherren derart blamabel gewesen, dass er sich mit hoher Wahrscheinlichkeit in der Legendenbildung niedergeschlagen hätte. Auffällig ist jedoch, dass die Abrechnungsbücher, in denen die Stadt Hamburg penibel die Kosten für die beiden Massenhinrichtungen 1400 und 1401 eingetragen hat, zwar Gödeke Michels, Henning Wichmann und Magister Wigbold erwähnen, nicht aber den Namen Störtebeker.

Johann Störtebeker. In den Jahren nach den umfangreichen Exekutionen 1400 und 1401 trieb auf Nord- und Ostsee mindestens noch ein Störtebeker sein Unwesen. Im Jahr 1405 fand ein gewisser *Johann Störtebeker* Erwähnung, weil er vor der norwegischen Küste ein englisches Schiff überfallen hatte. Ein Pirat gleichen Namens hatte bereits im August 1400 einen Kapervertrag mit dem Grafen von Holland unterzeichnet. Wenn man davon ausgeht, dass es für einen gesuchten Missetäter sinnlos wäre, nur seinen Vornamen, nicht aber seinen Nachnamen zu ändern, bleiben zwei Möglichkeiten: Entweder der berüchtigte Seeräuber Störtebeker hieß überhaupt nicht Klaus, sondern von vorneherein Johann. Oder es gab einen zweiten Likedeeler namens Störtebeker, möglicherweise sogar einen Cousin oder Bruder. Ebenfalls im Jahr 1405 wird ein Schiffer namens *Johannes Strotebeker* aus Danzig aktenkundig, weil er einen Handelsboykott gegen England missachtete. 1409 taucht *Hannes Storczebecher* mehrmals im Danziger Pfundzollbuch auf, 1411 erwirbt der Deutsche Orden eineinhalb Achtelanteile am Schiff des *Stoertczbechir* und 1413 erteilt König Heinrich V. von England dem Kaufmann *Johann Strottebeker* aus Danzig, Kapitän eines Holks, für ein Jahr Geleitschutz.

Falls dieser Mann mit demjenigen identisch ist, der im Auftrag des Grafen von Holland Schiffe überfiel, scheint er ein ausgefuchster Kerl und Gewaltunternehmer gewesen zu sein, der nach Bedarf die Seiten wechselte und immer dort zupackte, wo die Gelegenheit günstig erschien. Dieser Johann Störtebeker könnte der Mann hinter der Legende sein.

In Erinnerung an einen Helden. Bis heute hat der Pirat Störtebeker nichts von seiner Strahlkraft eingebüßt. Seine Taten wurden in mehr als einhundert Romanen, Erzählungen, Comics, Balladen, Liedern, Theaterstücken, einem Kinder-Musical und diversen Filmen verarbeitet. Aktuelle Werke setzen diese Tradition fort, allen voran die jährlich in der Sommersaison stattfindenden *Störtebeker-Festspiele* in Ralswiek auf Rügen. Darüber hinaus verleiht der Seeräuber seinen Namen an Gaststätten und Kneipen, Biere und Schnäpse, Labskaus und andere Lebensmittel, Straßen und Parks, Campingplätze und Hotels, Schiffe und Schulen, ja, sogar an Boutiquen, Kliniken und Apotheken. *»Der Volksheld wird durch die Registrierkassen gekurbelt«*, heißt es in »Gottes Freund – Aller Welt Feind« (Herausgeber: Hamburg Museum), und beschreibt damit passend die blühende Kommerzialisierung des Phänomens Klaus Störtebeker.

Personentausch. Was wäre, wenn der Seeräuber Störtebeker gar nicht hingerichtet wurde? Wenn er tatsächlich *Johann* geheißen und noch ein paar Jahre länger auf See sein Unwesen getrieben hätte? An dem Fakt, dass er ein herausragender Hauptmann der Vitalienbrüder und Likedeeler gewesen ist, würde es nichts ändern, und an seinem nachhaltigen Ruhm ebenso wenig. In den Köpfen und Herzen der Menschen lebt Störtebeker weiter – ein Volksheld, ein Idol, herausgehoben aus der Zeit. Und wie schrieb schon Theodor Fontane in seinem unvollendeten Roman »Die Likedeeler«:

»In der Kirche geht das Gespenst Störtebekers um, aber das Gespenst der Likedeeler geht durch die ganze Welt.«

Störtebeker-Festspiele in Ralswiek, Rügen

Literaturempfehlung

P. Baumann, Abenteuer Hansekogge. Logbuch einer Seereise in die Geschichte, Stuttgart 1992

H. Bents/B. Flessner/M. Stromann, Störtebeker. Dichtung und Wahrheit, Norden 2003

L. Bernhard, Klaus Störtebeker, Balve 1983

H. Boehncke/H. Sarkowicz, Störtebeker und Konsorten. Piraten in Nord- und Ostsee, Bielefeld 2010

J. Bracker (Hrsg.), Gottes Freund – Aller Welt Feind. Von Seeraub und Konvoifahrt, Störtebeker und die Folgen, Bremen 2001

C. von Carnap-Bornheim/C. Radtke (Hrsg.), Es war einmal ein Schiff. Archäologische Expeditionen zum Meer, Hamburg 2007

C. Deggim, Hafenleben in Mittelalter und Früher Neuzeit. Seehandel und Arbeitsregelungen in Hamburg und Kopenhagen vom 13. bis zum 17. Jahrhundert, Hamburg 2005

Duden Redewendungen. Wörterbuch der deutschen Idiomatik, Mannheim 2002

R.-B. Essig, Butter bei die Fische. Wie das Meer in unsere Sprache floss, Hamburg 2010

H. Ewe, Schiffe auf Siegeln, Bielefeld/Berlin 1972

H. Focke, Komm mit auf die Hansekogge, Berlin/Diepholz 1999

T. Förster, Schiffe der Hanse, Rostock 2009

T. Förster, Schiffswracks. Auf Spurensuche vor Rügen und Hiddensee, Rostock 2016

K. Friedland, Mensch und Seefahrt zur Hansezeit, Köln 1995

G. Graichen/R. Hammel-Kiesow, Die Deutsche Hanse. Eine heimliche Supermacht, Reinbek 2013

H. Gröhler, Störtebeker - Volksheld und Pirat. Die Biographie, Würzburg 2006

R. Hammel-Kiesow/M. Puhle/S. Wittenburg, Die Hanse, Darmstadt 2015

G. Hoffmann, Schätze unter Wasser. Abenteuer Archäologie, Hamburg 2001

G. Hoffmann/U. Schnall (Hrsg.), Die Kogge. Sternstunden der deutschen Schiffsarchäologie, Hamburg 2003

G. Krause, Handelsschifffahrt der Hanse, Bentwisch/Rostock 2010

T. Lenecke, Auf Kaperfahrt mit Störtebeker, Rostock 2016

D. Meier, Seefahrer, Händler und Piraten im Mittelalter, Ostfildern 2004

J. Newig/H. Theede (Hrsg.), Von Seefahrt, Seeräubern und Schiffswracks, Hamburg 2000

O. Pelc, Seeräuber auf Nord- und Ostsee. Wirklichkeit und Mythos, Heide 2005

M. Puhle, Die Vitalienbrüder. Klaus Störtebeker und die Seeräuber der Hansezeit, Frankfurt a.M. 2012

R. Scheiblich/H.H. Staack, Leuchttürme Lexikon, Hamburg 2002

B. Thode, Hamburg. Kleine Geschichte einer großen Stadt, Hamburg 1979

E. Verg, Das Abenteuer, das Hamburg heißt. Der weite Weg zur Weltstadt, Hamburg 1997

R. Wiechmann/G. Bräuer/K. Püschel (Hrsg.), Klaus Störtebeker. Ein Mythos wird entschlüsselt, München 2003

F.-K. Zemke, Deutsche Leuchttürme. Einst und jetzt, Herford/Hamburg 2000

D. Zimmerling, Die Hanse. Handelsmacht im Zeichen der Kogge, Düsseldorf/Wien 1976